WORDPRESS
TEMELLERI

Bir WordPress sitesi oluşturmak için bilmeniz gereken her Şey

2026, Roy Sahupala

Önemli Not

Bu kılavuzdaki yöntemler ve programlar herhangi bir patent dikkate alınmaksızın belirtilmiştir. Bunlar sadece amatör ve çalışma amaçlıdır. Bu kitaptaki tüm teknik veriler ve programlar yazar tarafından büyük bir titizlikle derlenmiş ve kapsamlı kontrollerden sonra yeniden üretilmiştir. Bununla birlikte, hatalar tamamen göz ardı edilemez. Bu nedenle yayıncı, hatalı bilgilerden kaynaklanan sonuçlar için ne herhangi bir garanti ne de yasal sorumluluk veya herhangi bir yükümlülük üstlenemeyeceğini belirtmek zorundadır. Hataların bildirilmesi yazar tarafından her zaman takdir edilmektedir.

Bu kitapta adı geçen yazılım ve donanım isimleri ile ilgili şirketlerin marka isimlerinin çoğunlukla üretici markaları, ticari markalar veya patent yasaları tarafından korunduğunu lütfen unutmayın.

Yazar: R.E. Sahupala
ISBN/EAN: 978-9-09-037537-3
Birinci baskı: 01-01-2025
Baskı: 01-2026 Ingram
NUR-code: 994
Yayıncı: WJAC
Web sitesi: www.wp-books.com/basics

Özel teşekkürlerimle:
Sevgili eşim Iris van Hattum ve oğlumuz Ebbo Sahupala.

İÇİNDEKİLER

GİRİŞ

Herhangi bir teknik bilgiye sahip olmasanız bile bağımsız olarak ve düzenli olarak güncellenmesi gereken içeriğe sahip profesyonel bir web sitesi oluşturmakla ilgileniyor musunuz? Eğer öyleyse, bir İçerik Yönetim Sistemi (CMS) sizin için en iyi seçenek olabilir. WordPress en popülerlerinden biri olmak üzere çeşitli CMS seçenekleri mevcuttur.

WordPress'i seçme kararı çeşitli faktörlere bağlıdır. Bir web tasarımcısı olarak benim için asıl cazibesi kullanıcı dostu arayüzü ve bakım kolaylığında yatıyor. WordPress'in kurulumu hızlı ve basittir, bu da onu hem tasarımcılar hem de müşteriler için hemen başlamak için sorunsuz bir seçenek haline getirir.

Bir WordPress sitesi kurarken, aralarından seçim yapabileceğiniz çok sayıda ücretsiz temaya erişebilirsiniz. Bu kitapta, WordPress'in kurulum, yapılandırma ve yönetim sürecinde size yol göstereceğim. Ayrıca, formlar, galeriler, medya özellikleri, yedeklemeler, güvenlik önlemleri ve arama motoru optimizasyonu eklentileri gibi temel bileşenleri dahil ederek sistemi nasıl geliştireceğinizi göstereceğim.

WordPress ile verimli çalışmak için bilgisayarınızda bir web sunucusu olması faydalı olabilir. Bilgisayarınızı nasıl bir web sunucusuna dönüştürebileceğinize dair takip etmesi kolay talimatlar vereceğim. Ayrıca, bir WordPress web sitesini bir internet sunucusuna aktarma sürecini açıklayacağım.

Bu kitap, WordPress'i bağımsız olarak araştırmak için sağlam bir temel oluşturuyor. Daha fazlasını keşfetmeye heveslizseniz, ek kaynaklar ve bilgiler için wordpress.org adresini ziyaret etmeyi düşünebilirsiniz.

Bu kitapta sunulan her alıştırma pratiktir, yalnızca en temel adımlara odaklanırken gereksiz açıklamalara yer vermeyerek anında uygulanabilirlik sağlar.

Daha fazla bilgi için **wp-books.com/basics** adresini ziyaret edin. Talimatlar hem MacOS hem de Windows kullanıcıları için verilmiştir.

Bu kitap kimin için?

- Bağımsız olarak bir WordPress sitesi kurmakla ilgilenen bireyler.
- Geliştiricilerden bağımsız olmak isteyenler.
- Programlama geçmişi olmayan bireyler.
- Multimedya öğrencileri.
- Web editörleri.
- Kendi web günlüğünü veya sitesini oluşturmayı hedefleyen herkes.

İpucu: Acele etmeyin! Bilgisayarın başına oturmadan önce her bölümü dikkatlice okuyun.

Neye ihtiyacın var?

Bir WordPress sitesi geliştirmek için aşağıdakilere ihtiyacınız olacaktır:

- Bir web sunucusu veya web barındırıcısı
- WordPress'in en son sürümü
- Bir internet tarayıcısı

Bilgisayarınızda bir **local web server** kullanarak bir WordPress sitesi geliştirebilirsiniz. Bu kitap, bilgisayarınıza bir web sunucusunun nasıl kurulacağı ve kullanılacağı hakkında adım adım talimatlar sunmaktadır. WordPress sitenizi geliştirdikten sonra, internette yayınlamak için bir **web host** ihtiyacınız olacaktır.

WordPress'e gerekli içeriği sağlamak için CMS platformuna bağlanmak üzere bir **web tarayıcısı** kullanacaksınız.

Belirli WordPress özellikleri tercih ettiğiniz tarayıcıda en iyi şekilde çalışmayabileceğinden, birden fazla tarayıcı yüklemeniz önerilir. Bu gibi durumlarda hızlıca başka bir tarayıcıya geçebilirsiniz.

Bu kitaptaki tüm alıştırmalar Firefox, Safari, Google Chrome ve Microsoft Edge ile test edilmiştir. Her zaman tarayıcınızın en son sürümünü kullandığınızdan emin olun.

Bu kitabın amacı

Bu kitap, teknik uzmanlığı olmasa bile WordPress'ten hızlı ve pratik bir şekilde yararlanmak isteyen kişiler için tasarlanmıştır.

Kitap WordPress'in hem Yerel hem de Uzak kurulumlarını kapsamaktadır. Yerel kurulum, sonuçları çevrimiçi yayınlamadan önce denemeye izin verme avantajı sunar.

Kitap yalnızca temel açıklamalara odaklanarak okuyucuların WordPress ile yeterli deneyim kazanmasını sağlıyor. Bir kez aşina olduktan sonra, okuyucular platformu bağımsız olarak daha fazla keşfedebilirler.

WordPress'i daha derinlemesine incelemek isteyenler için **WordPress - Gelişmiş**, **WordPress - Gutenberg**, **WordPress - Klasik Tema** ve **WordPress - Blok Tema** (yeni tema biçimi) gibi gelişmiş kitaplar mevcuttur. Çevrimiçi mağazalar oluşturmak için **WordPress - WooCommerce** kitabı var.

Daha fazla bilgi için şu adresi ziyaret edin: *wp-books.com*.

BILGISAYARINIZDAKI SUNUCU

WordPress doğrudan internet üzerine kurulabilen bir CMS platformudur. Bunun için PHP ve MYSQL destekleyen bir internet sunucusu gereklidir ve bu hizmet çoğu web barındırıcısı tarafından sunulmaktadır. Bununla birlikte, bir web sitesini çevrimiçi olarak başlatmadan önce kişisel bilgisayarınızda geliştirmeniz önerilir.

Kişisel bilgisayarınızda bir WordPress web sitesi kurmak çeşitli avantajlar sunar:

- Alan adlarından ve web barındırmadan bağımsızlık.
- Daha hızlı üretim süreci.
- Site çevrimiçi olduğunda yedekleme yapılabilir.
- Değişiklikleri uzak (internet) bir platformda uygulamadan önce yerel bir platformda deneme olanağı.

WordPress'i kişisel bilgisayarınıza kurmak için bir komut dosyası dili (PHP) ve bir veritabanı (MySQL) kullanmanız gerekir.

Hypertext Preprocessor'ın kısaltması olan PHP, web sitenizin motoru olarak hareket eden, sistemin çalışmasından sorumlu açık kaynaklı, sunucu taraflı bir komut dosyası dilidir.

MySQL, içerik, ayarlar ve çeşitli veriler dahil olmak üzere veri depolamayı yönetir site bilgisi türleri.

PHP ve MySQL hakkında daha fazla bilgi edinmek istiyorsanız, internette çok sayıda kaynak ve açıklama mevcuttur.

Bilgisayarınıza bir web sunucusu kurmak ilk başta karmaşık görünebilir, ancak temelde bir program yüklemeyi içerir. Program kurulup etkinleştirildikten sonra WordPress'i bilgisayarınıza kurup yönetmeye devam edebilir ve WordPress sitenize özel erişim sağlayabilirsiniz.

Hem MacOS hem de Windows ile uyumlu olan **LOCAL** ve **MAMP** olmak üzere iki popüler seçenek olan çeşitli web sunucusu programları mevcuttur.

LOCAL yalnızca WordPress sitelerini yüklemenize izin verirken, MAMP WordPress dahil olmak üzere birden fazla CMS sitesinin kurulmasını sağlar.

Başlamak için bir internet tarayıcısı açın ve **localwp.com** adresine gidin. LOCAL ayrıca WordPress'i çalıştırmak için gerekli bileşenler olan Apache, MySQL ve PHP'yi de yükler.

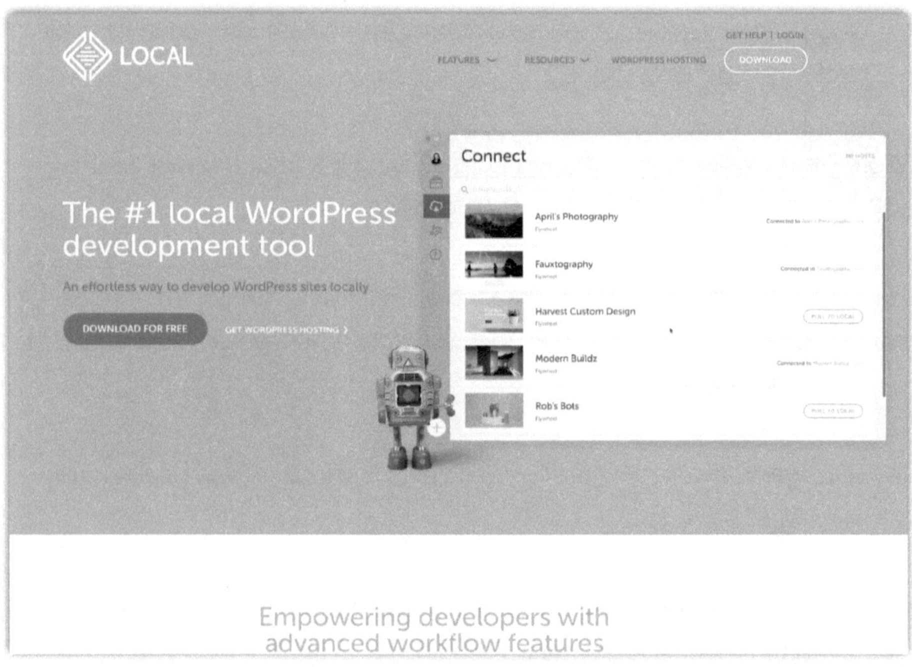

LOCAL'ı indirmek için aşağıdaki adımları izleyin:

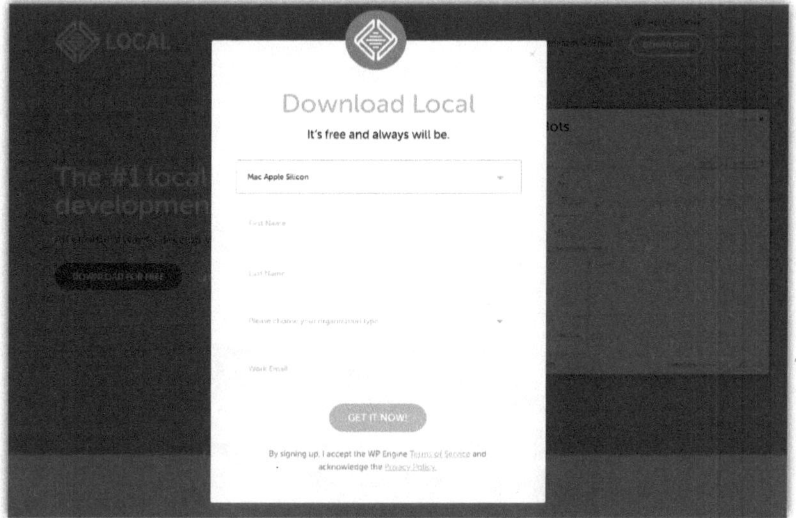

1. Web sitesinin **İndirilenler** bölümüne gidin.
2. Bir açılır pencere görünecektir. İşletim sisteminize göre **Mac** veya **Windows** sürümünü seçin.
3. Sağlanan formda gerekli bilgileri doldurun.
4. **GET IT NOW** düğmesine tıklayın.

Aşağıdaki bölümlerde nasıl kurulum yapılacağına ilişkin ayrıntılı talimatlar verilmektedir Hem MacOS hem de Windows bilgisayarlarda LOCAL ve MAMP.

Bilgisayarınızda zaten bir web sunucusu kuruluysa ve bir CMS platformu kurmaya aşinaysanız, doğrudan bölüme geçebilirsiniz *BILGISAYARINIZA WORDPRESS YÜKLEMEK*.

Alternatif olarak, WordPress'i doğrudan internet üzerinden yüklemek istiyorsanız, *WORDPRESS'İN İNTERNET ÜZERİNE KURULMASI* bölümüne gidin.

MACOS IÇIN WEB SUNUCUSU

LOCAL'ı yüklemeden önce lütfen bu bölümü dikkatlice okuyun.
Yazılımın App Store'da bulunmadığını unutmayın.

Uygulamalar > Sistem Ayarları > Gizlilik ve Güvenlik
bölümüne gidin.

App Store ve tanımlı geliştiriciler seçeneğini etkinleştirin.

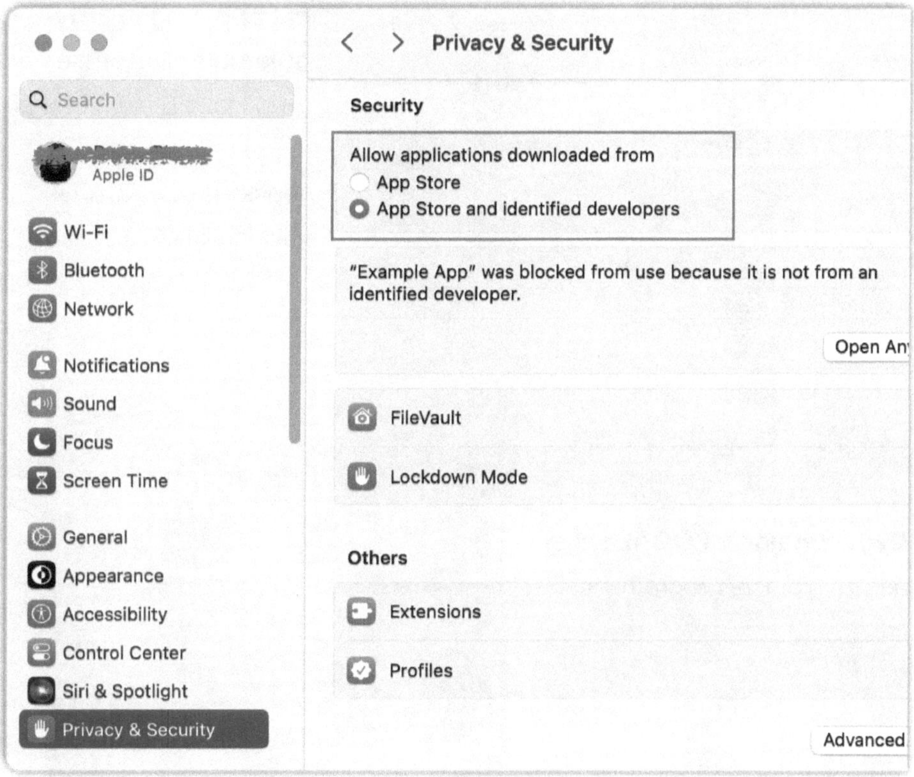

Bu işlem tamamlandıktan sonra LOCAL'ı yüklemeye devam edebilirsiniz.

LOCAL'ı indirdikten sonra, **İndirilenler** klasörünüzde bir **.dmg** dosyası bulacaksınız.

Açmak için **local-9.1.0-mac.dmg** dosyasına çift tıklayın (sürüm numarası değişebilir). Bir pencere görünecektir.

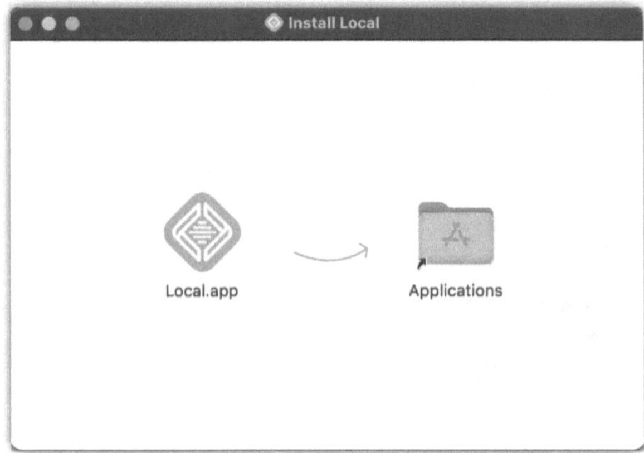

Bu pencereden **Local.app** simgesini **Uygulamalar** klasörüne (App klasörü) sürükleyin.

Tebrikler! LOCAL artık yüklenmiştir.

LOCAL ı başlatın

Uygulamalar > LOCAL seçeneğine gidin ve programı başlatın.

Finder tarafından izin vermeniz istenecektir.
Devam etmek için **Aç**'a tıklayın.

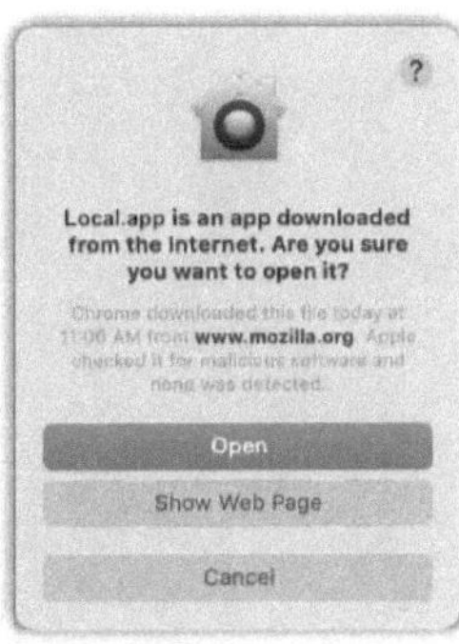

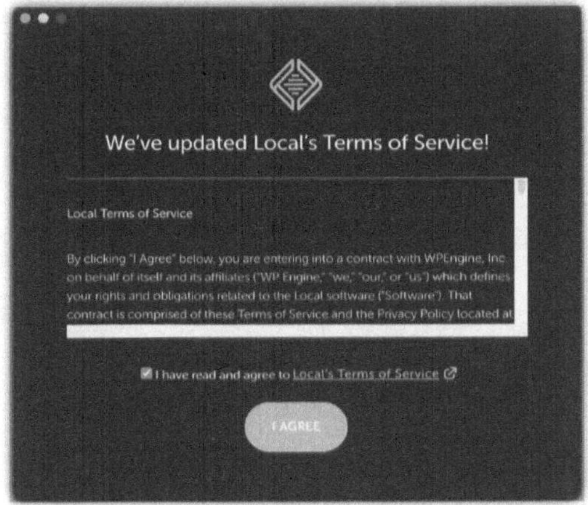

Hüküm ve koşulları kabul edin
ve **I AGREE**'a tıklayın.

Yeni bir ekran görünecektir.

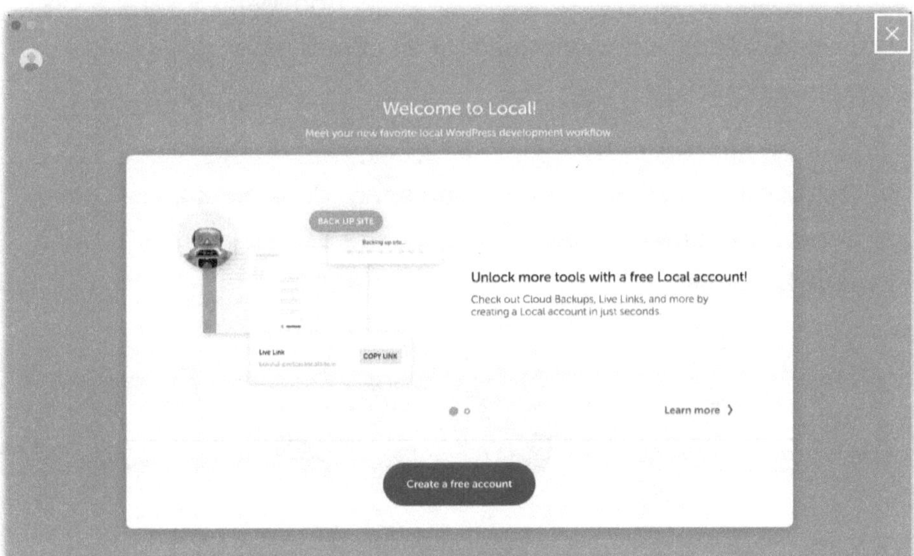

Bir hesap oluşturmanıza gerek yok. Bir sonraki ekrana geçmek için sağ üstteki beyaz çarpı işaretine tıklamanız yeterlidir.

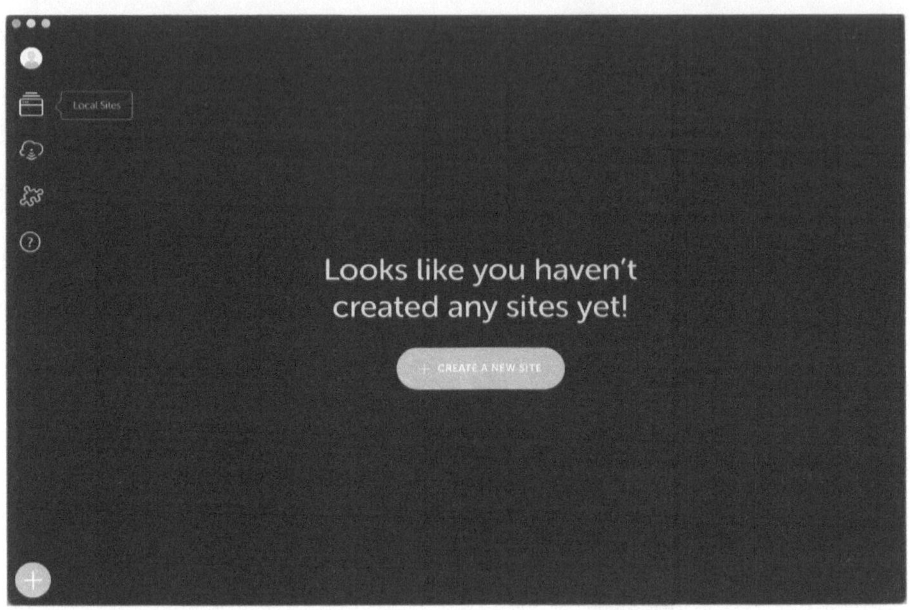

WordPress kurulumuna devam etmeden önce, **Ana Menü > Yerel > Çık** seçeneğine giderek veya **Command+Q** tuş kombinasyonunu kullanarak programı kapatın.

İpucu: LOCAL uygulamasını bundan sonra daha sık kullanacaksınız, bu nedenle Apple Dock'unuzda bir kısayol oluşturmak kullanışlı olacaktır.

Web sunucunuz şimdi kurulmuştur. *WORDPRESS'İN KURULUMU* bölümünde, LOCAL programı ile devam edeceksiniz. LOCAL hakkında daha fazla bilgi edinmek isterseniz *www.localwp.com* adresini ziyaret edin.

LOCAL yüklemenin başarısız olması durumunda, alternatif olarak MAMP kullanabilirsiniz. *www.mamp.info* adresine gidin.

1. MacOS için **MAMP & MAMP PRO**'yu indirin.
2. **İndirilenler klasöründeki .pkg** dosyasına çift tıklayın.
3. Kurulum sürecini takip edin.

İpucu: MAMP'ı kurduktan sonra, *MAMP* ve *MAMP PRO* olmak üzere 2 programa sahip olursunuz. Ücretsiz sürümü **Uygulamalar klasörü > MAMP** içinde bulabilirsiniz.

Pro sürümü bir lisans gerektirir. *WordPress'i MAMP ile manuel olarak yükleme* bölümü, WordPress'i MAMP kullanarak yükleme konusunda size rehberlik edecektir.

WINDOWS IÇIN WEB SUNUCUSU

LOCAL'ı kurmadan önce lütfen bu bölümü okuyun!

Yazılım indirildikten sonra, İndirilenler klasörünüzde **LOCAL-9.1.0-windows** dosyasını bulacaksınız (sürüm numarası değişebilir). Devam etmek için dosyaya çift tıklayın.

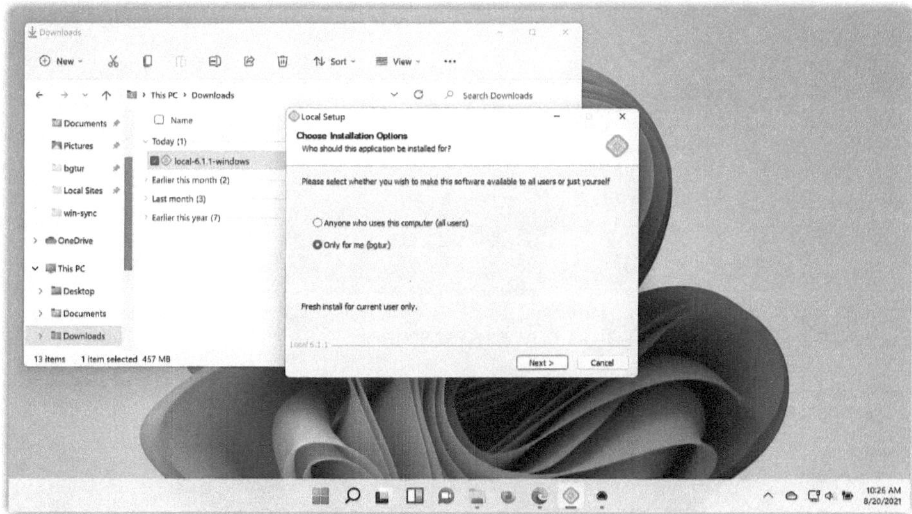

Aşağıdaki pencere görünür. Ne seçtiğiniz önemli değildir.

Ardından **Next >** öğesine tıklayın.

Bu ekranda kurulum yolu görüntülenir. **Install** üzerine tıklayın.

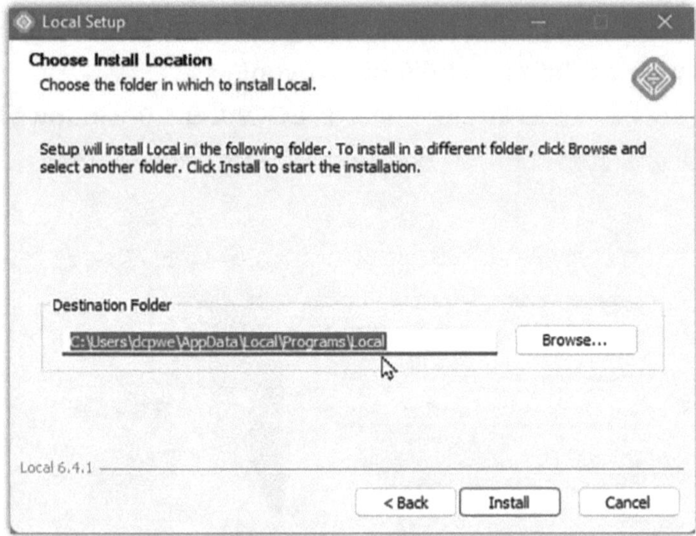

Hızlıca bir fincan kahve ya da çay içme zamanı.

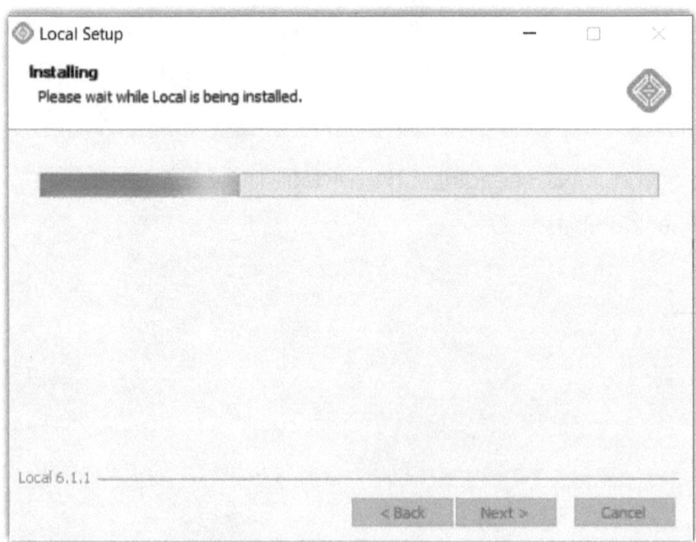

Kurulum sırasında, programın bilgisayarda değişiklik yapmasına izin verilip verilmediği sorulabilir.

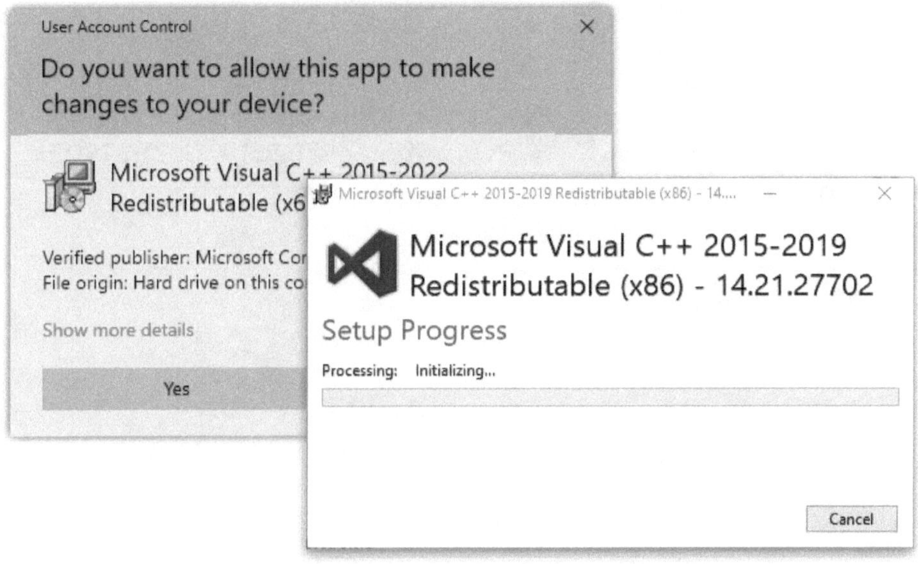

İstenirse **Yes** e tıklayın. Windows sürümünüze bağlı olarak bu işlem kendini tekrar edebilir.

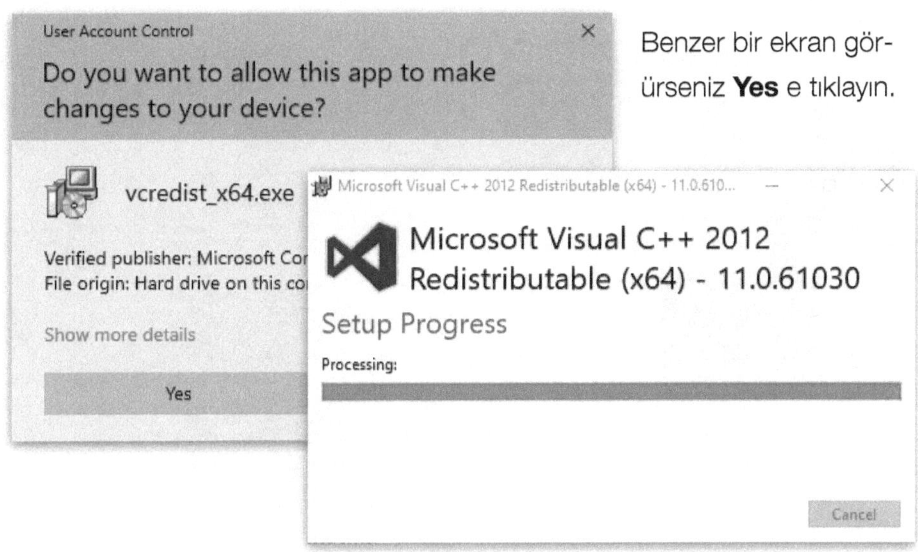

Benzer bir ekran görürseniz **Yes** e tıklayın.

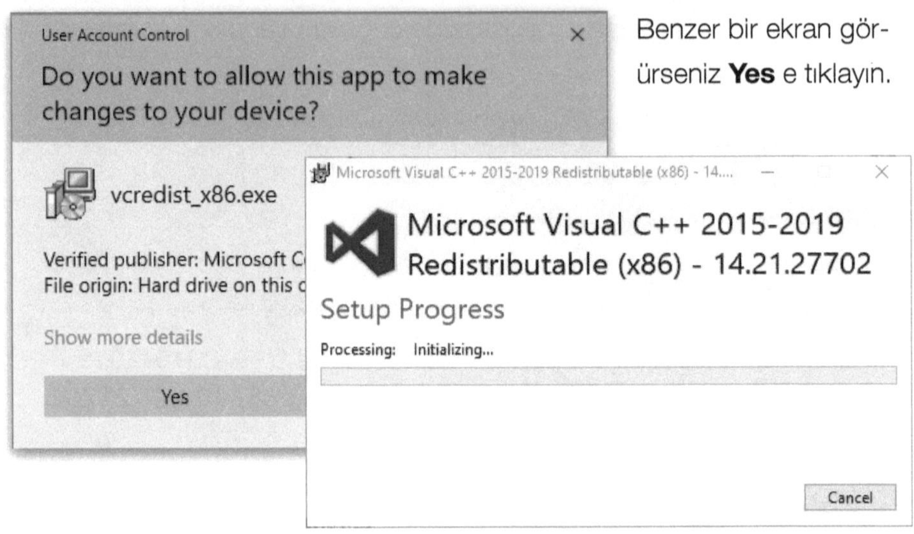

Benzer bir ekran görürseniz **Yes** e tıklayın.

Kurulum tamamlandığında bir mesaj göreceksiniz.

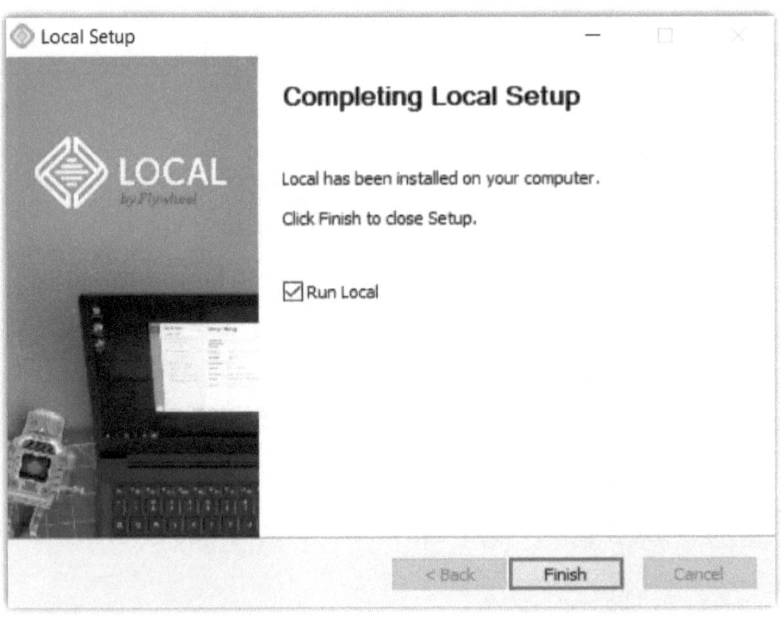

Tebrikler! LOCAL başarıyla yüklendi.

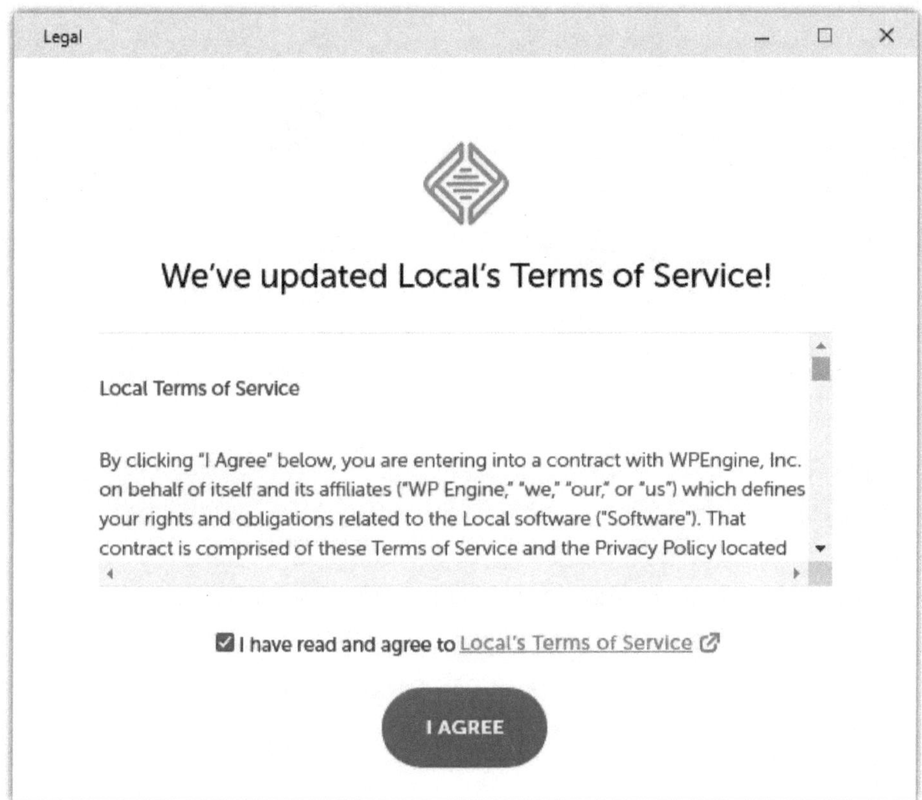

I AGREE düğmesine tıklayarak hüküm ve koşulları kabul edin.

Bir **Hata Raporlama** açılır ekranı görüntülenirse, **No** düğmesine tıklayın.

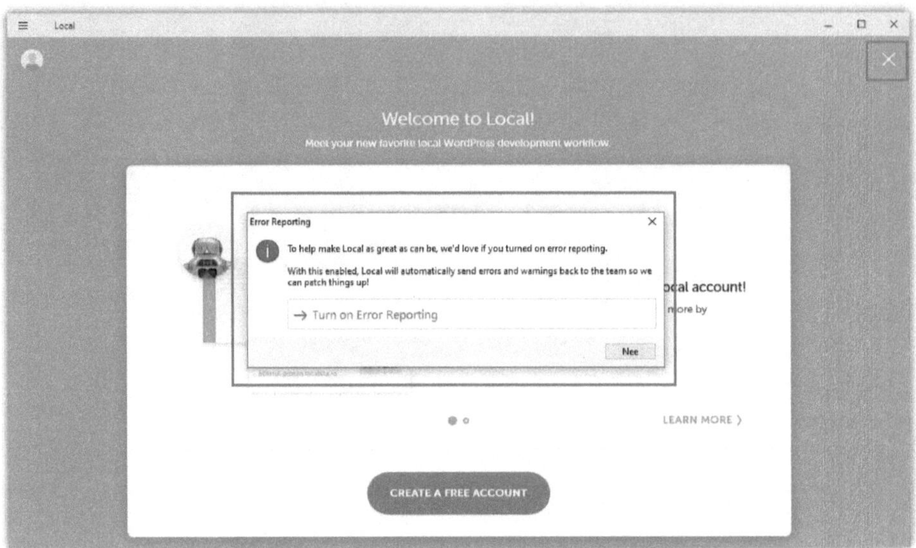

LOCAL bir hesap oluşturmak isteyip istemediğinizi sorabilir, ancak bu gerekli değildir. Bir sonraki ekrana geçmek için sağ üstteki beyaz çarpı işaretine tıklamanız yeterlidir (programdan çıkmak için çarpı işaretine tıklamayın).

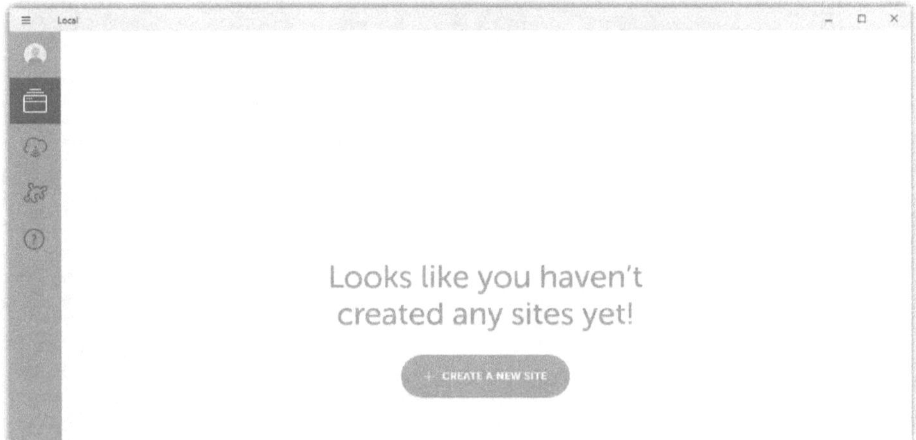

Bu pencereden WordPress sitelerini yüklemeye devam edebilirsiniz. Bunu yapmadan önce LOCAL'ı kapatın.

Bunu sağ üstteki çarpı işaretine tıklayarak veya ana menüden yapabilirsiniz:
Ana Menü > Yerel > Çıkış'a gidin veya **Ctrl+Q** tuş kombinasyonunu kullanın.

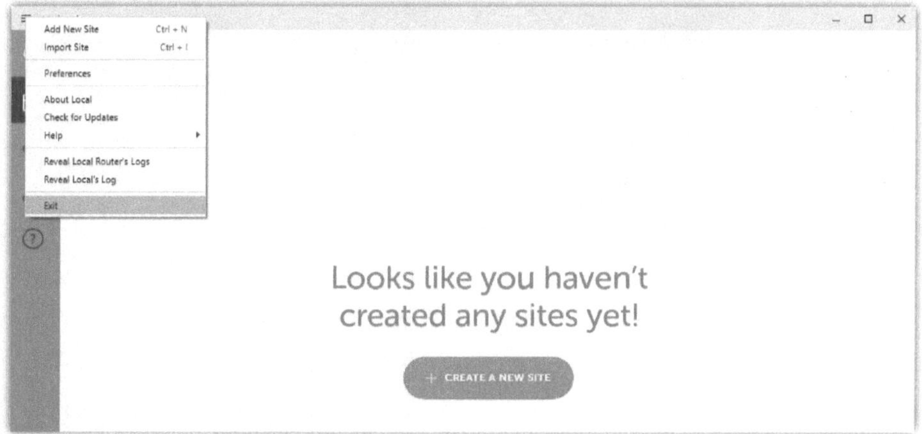

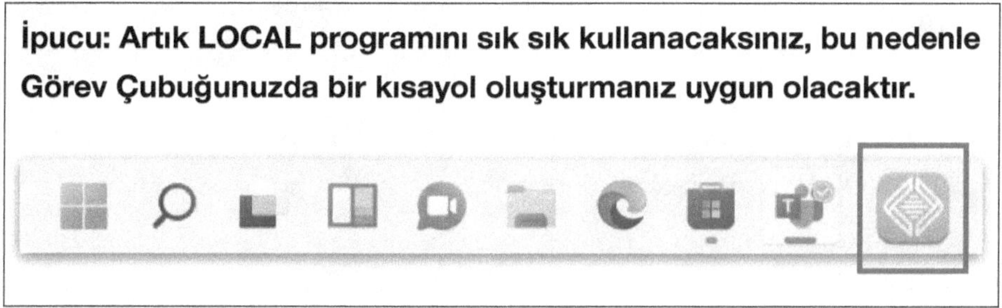

İpucu: Artık **LOCAL** programını sık sık kullanacaksınız, bu nedenle Görev Çubuğunuzda bir kısayol oluşturmanız uygun olacaktır.

Başlangıç LOCAL

Programı başlatın. **Başlat**'a gidin. ve **Son eklenenler** altında, **L** kategorisi altında LOCAL'ı bulun veya **arama alanını** kullanın.

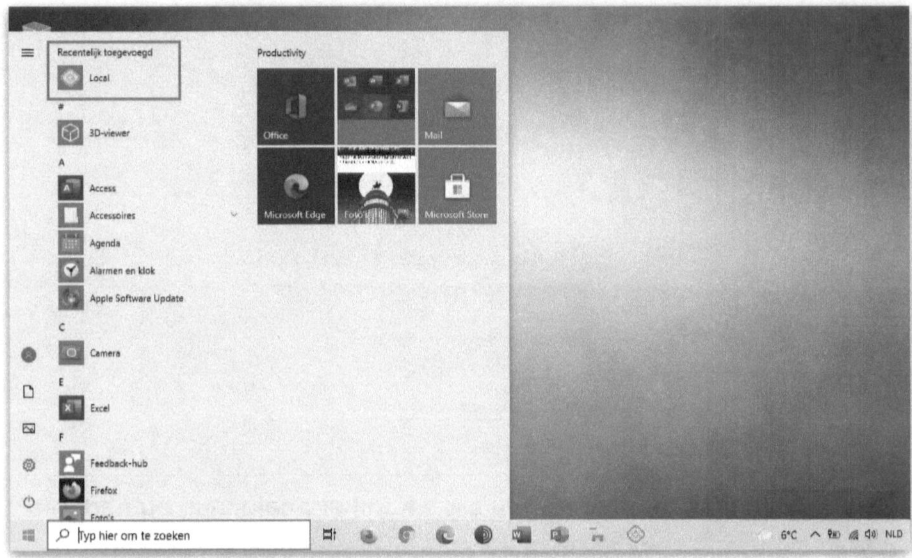

Program başlatıldığında, Apache, PHP ve MySQL'in arka planda etkinleştirildiği bir LOCAL penceresi görünecektir.

Bir sonraki *WORDPRESS KURMA* bölümünde LOCAL ile çalışmaya devam edeceksiniz.

LOCAL'ın ayarları ve özellikleri hakkında daha fazla bilgi için *localwp.com* adresini ziyaret edin.

LOCAL yüklemenin başarısız olması durumunda, alternatif olarak MAMP kullanabilirsiniz. *www.mamp.info* adresine gidin.

1. **MAMP & MAMP PRO** - Windows'u indirin.
2. İndirilenler klasöründeki **.exe** dosyasına çift tıklayın.
3. Yükleme işlemini gerçekleştirin.

İpucu: MAMP'ı kurduktan sonra, *MAMP* ve *MAMP PRO* olmak üzere 2 programa sahip olursunuz.

MAMP'ı ücretsiz olarak kullanabilirsiniz. Bu, **Uygulamalar klasörü > MAMP** içinde bulunabilir. Pro sürümü bir lisans gerektirir. *WordPress'i MAMP ile manuel olarak yükleme* bölümünde WordPress'i nasıl yükleyeceğinizi okuyacaksınız.

WORDPRESS YÜKLEYIN

WordPress.org'a göre:

" "WordPress, erişilebilirlik, performans, güvenlik ve kullanım kolaylığına vurgu yaparak herkes için tasarlanmış bir yazılımdır. Harika bir yazılımın minimum kurulumla çalışması gerektiğine inanıyoruz, böylece hikayenizi, ürününüzü veya hizmetlerinizi ücretsiz olarak paylaşmaya odaklanabilirsiniz. Temel WordPress yazılımı basit ve öngörülebilirdir, bu da başlamayı kolaylaştırır. Aynı zamanda büyüme ve başarı için güçlü özellikler sunuyor. "

WordPress, öncelikle blog siteleri oluşturmak için tasarlanmış açık kaynaklı bir İçerik Yönetim Sistemidir (CMS). Kullanıcı dostu çalışması ve arayüzü, yaygın popülaritesine yol açmıştır; WordPress şu anda İnternet'teki tüm web sitelerinin %43'ünü desteklemektedir ve bu da onu Açık Kaynak CMS platformları arasında bir numaralı tercih haline getirmektedir. WordPress.org adresinde bu sistemi benimsemiş şirket ve kurumların bir listesini bulabilirsiniz.

WordPress'in avantajları şunlardır:

- Teknik olmayan yapısı nedeniyle anlaşılması ve yönetilmesi hızlı ve kolaydır.
- Kurulum dakikalar içinde gerçekleştirilebilir.
- Nispeten kararlı ve güvenli.
- Sürekli geliştirme ve güncellemeler.
- En son kararlı sürüme kolay yükseltme.
- Yazım sırasında 60.042'den fazla eklentinin mevcut olduğu eklentiler aracılığıyla sistem genişletme.
- İçerik korunurken hızla değiştirilebilen binlerce mevcut WordPress teması (şablon).
- HTML ve CSS bilgisi ile özel WordPress temaları oluşturma veya mevcut olanları değiştirme yeteneği.
- Geniş bir bilgi ve destek kaynağı sağlayan büyük topluluk.

Ocak 2022 itibariyle WordPress 5.9 yayınlandı ve diğer geliştirmelerin yanı sıra Blok Düzenleyicide iyileştirmeler, daha sezgisel etkileşimler ve gelişmiş erişilebilirlik getirdi. Bu sürüm ayrıca Twenty Twenty-Two adlı ilk Blok temasını da tanıtıyor.

WordPress'in odak noktası blog siteleri oluşturmak olsa da, bu kitap bir WordPress sitesini hızlı ve pratik bir şekilde kurmayı vurgulamaktadır. Bir WordPress sitesi oluşturmayı ve bloglama özelliğini kullanarak hem bilgilendirici web sitelerine hem de blog sitelerine hitap eder.

Bilgisayarınızda WordPress

WordPress'i bilgisayarınıza yüklemek, bir web barındırıcısına güvenmeden bağımsız olarak çalışmanıza olanak tanır. Bunu, her ikisi de ücretsiz olan LOCAL veya MAMP gibi programları kullanarak başarabilirsiniz.

WordPress'i bilgisayarınıza yüklemek için iki yöntem vardır:

1. LOCAL kullanarak **otomatik** WordPress kurulumu.
2. MAMP kullanarak **manuel** WordPress kurulumu.

LOCAL ile otomatik WordPress kurulumu

WordPress'i LOCAL kullanarak otomatik olarak yüklemek için aşağıdaki adımları izleyin. Bu talimatların hem Windows hem de MacOS için geçerli olduğunu unutmayın:

LOCAL programını açın.

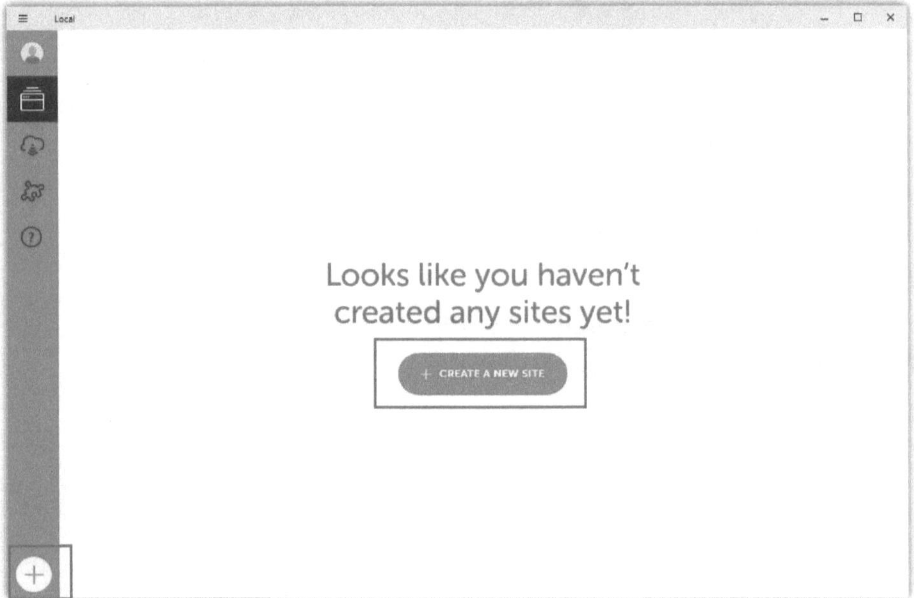

+ CREATE A NEW SITE düğmesine veya ekranın sol alt köşesindeki **+** düğmesine tıklayın.

Not: Kurulum işlemi sırasında bilgisayar sisteminiz (Windows veya MacOS) Local'in değişiklik yapabilmesi için izin isteyebilir. İstendiğinde her zaman izin verin.

Yükleme işlemine devam edin ve ardından **CONTINUE** düğmesine tıklayın.

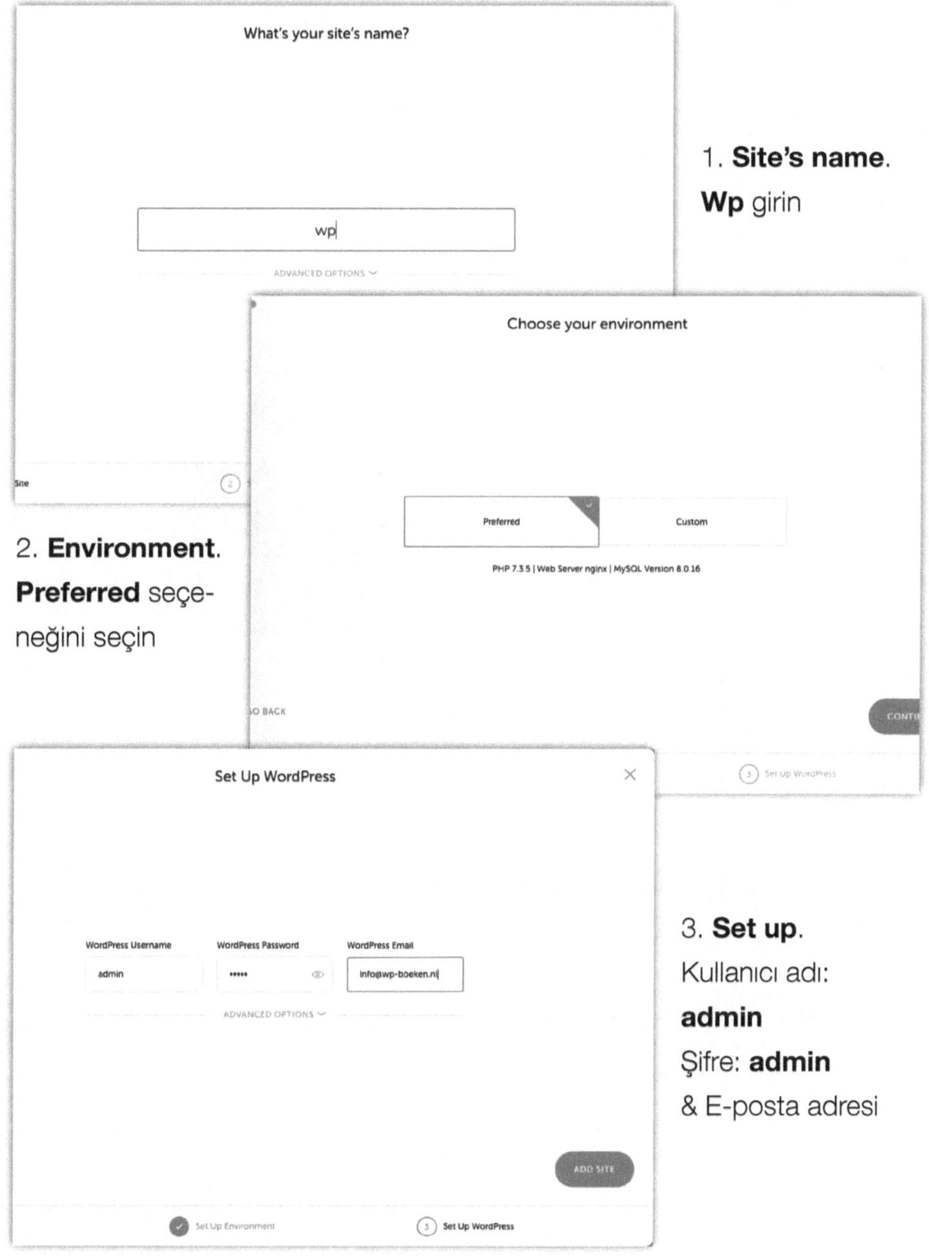

1. **Site's name**.
Wp girin

2. **Environment**.
Preferred seçe-
neğini seçin

3. **Set up**.
Kullanıcı adı:
admin
Şifre: **admin**
& E-posta adresi

Not: Kullanıcı adı ve parola olarak admin seçilmiştir çünkü bu yalnızca sizin erişebileceğiniz yerel bir kurulumdur. Siteyi bir web barındırıcısına aktardıktan sonra kullanıcı adı ve parolayı değiştirmeniz önerilir.

WordPress kurulumunun tamamlanmasını bekleyin.

Sisteminiz (Windows veya MacOS) değişiklik yapmak için izin isteyebilir. İstenirse her zaman **Yes** veya **OK** a tıklayın.

Kurulumdan sonra sol tarafta **wp** sitesinin listelendiğini göreceksiniz. Üzerine tıklamak, seçilen siteye genel bir bakış sağlayacaktır.

Bu ekranda aşağıdaki gibi seçenekler bulacaksınız:

STOP SITE: Siteyi *açmanızı* veya *kapatmanızı* sağlar.

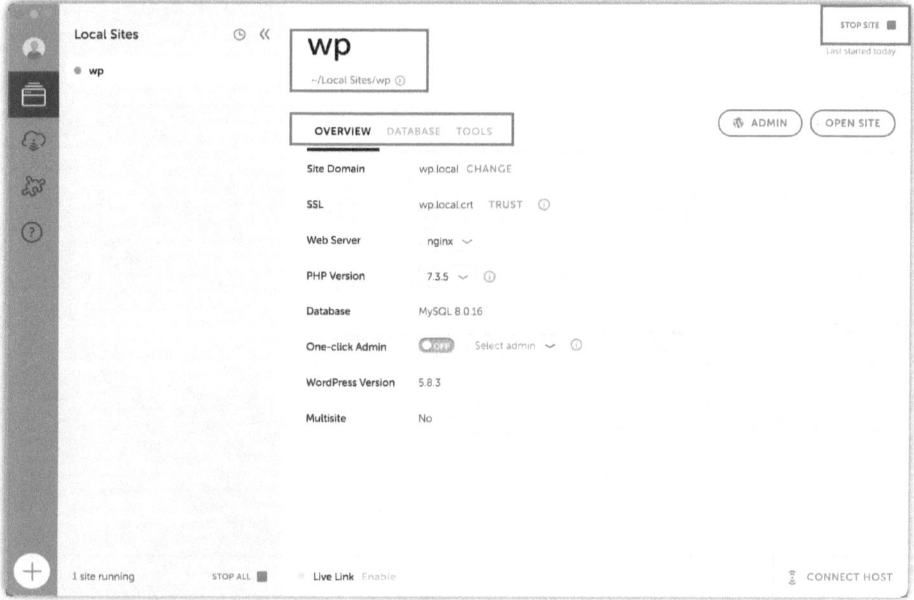

Altında bir bağlantı bulunan **Site Başlığı ~/Local Sites/wp >**.

Bu, kurulum sitesi klasörünü ifade eder.

wp klasörü bir Windows veya MacOS kullanıcı klasöründe bulunabilir.

app > public klasörü WordPress Core dosyalarını içerir.

3 sekme: **OVERVIEW**, **DATABASE** ve **TOOLS**, site bilgileri ve veritabanı erişimi sağlar.

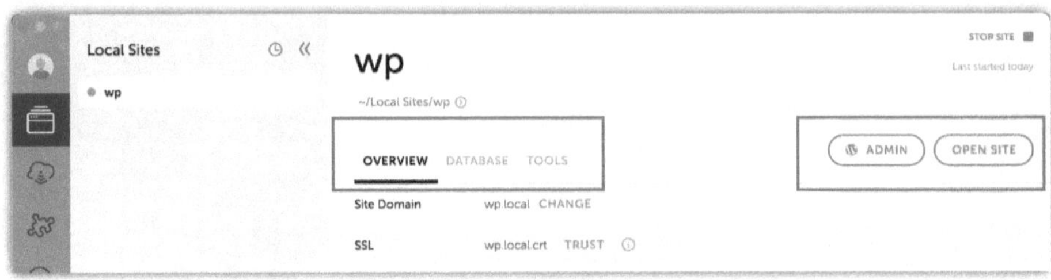

OPEN SITE düğmesi: Siteyi görüntülemenizi sağlar.

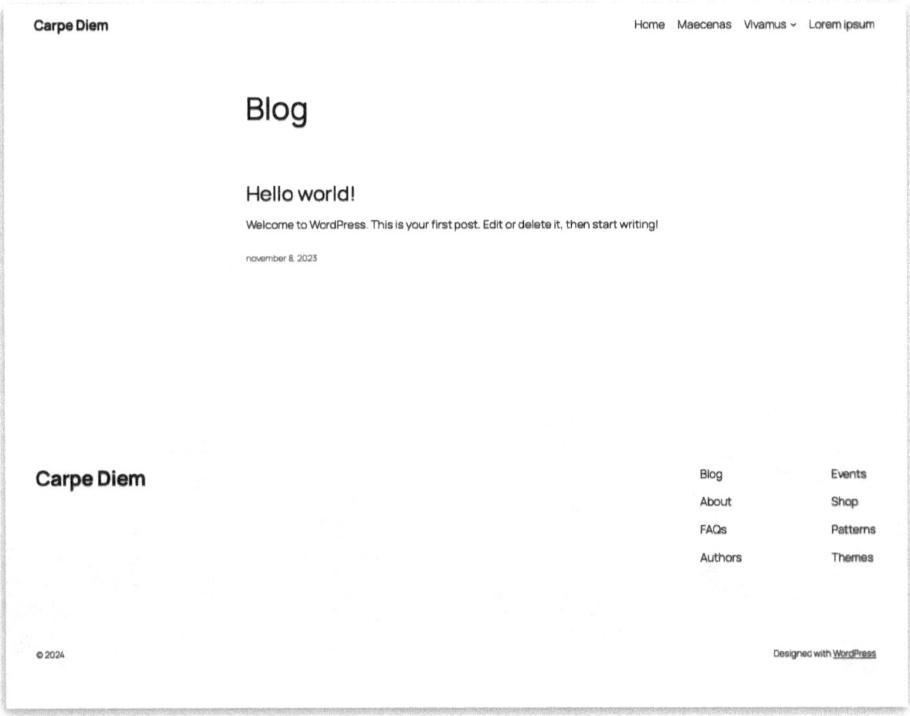

Sitenin URL'si *wp.local*'dir, bu da bilgisayarınızda yüklü olduğunu gösterir.

LOCAL, kolayca özelleştirebileceğiniz veya başka bir dile dönüştürebile-
ceğiniz varsayılan bir WordPress sitesi yükler. *TEMEL AYARLAR, İÇERİK VE
AYAR* bölümünde WordPress yönetim bölümünde nasıl gezineceğinizi ve
site dilini nasıl değiştireceğinizi öğreneceksiniz.

ADMIN butonu ile yönetim bölümüne erişebilirsiniz.

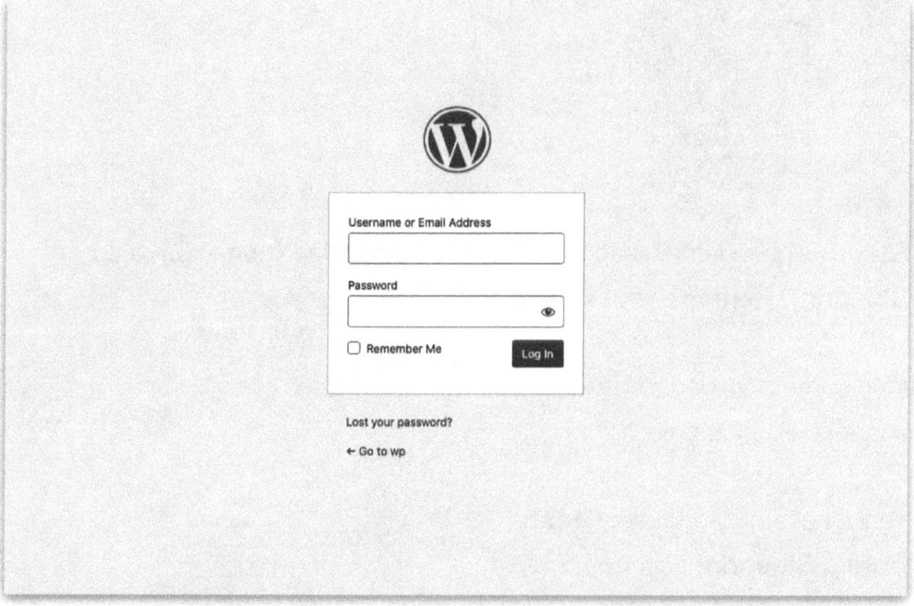

ADMIN düğmesine tıklayarak yönetim bölümüne erişin.
Yönetici alanının URL'si *wp.local/wp-admin* şeklindedir.

WordPress sitelerini istediğiniz kadar yükleyebilirsiniz.

Site listesinden farenin sağ tuşunu kullanarak siteleri **Clone**, **Save as Blueprint**, **Rename** veya **Delete**.

İpucu: Site dilini değiştirdikten sonra bir Blueprint oluşturun.

Yeni bir site oluştururken, **Create from a Blueprint** seçeneğini seçin ve **Blueprint**'inizi seçin. Daha sonra site dilini değiştirmeye gerek yoktur.

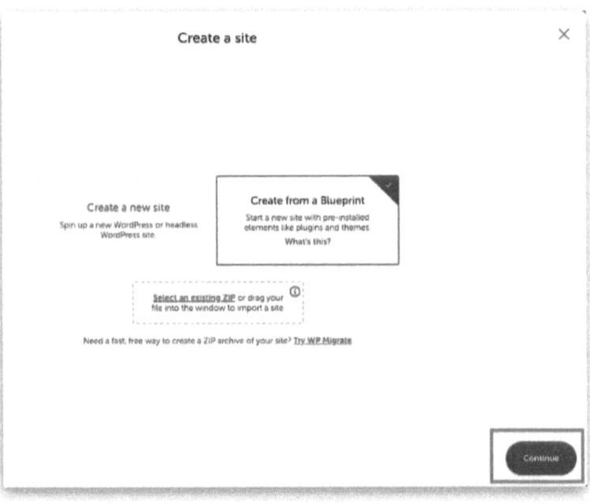

LOCAL ayarları ve özellikleri hakkında daha fazla bilgi için şu adresi ziyaret edin *www.localwp.com*.

MAMP ile manuel WordPress kurulumu

MAMP gibi farklı bir web sunucusu kullanan kullanıcılar için WordPress'i yükleme sürecinde size rehberlik edeceğim. Bir web sunucusuyla WordPress kurulumu otomatik veya manuel olabilirken, LOCAL kullanıcılarının bu manuel kurulum yöntemine aşina olmaları önerilir. LOCAL ile otomatikleştirilenlerin bu süreçte manuel olarak yürütülmesi gerekir.

MAMP'i başlatın (PRO sürümü değil) ve **Start** düğmesine tıklayın.

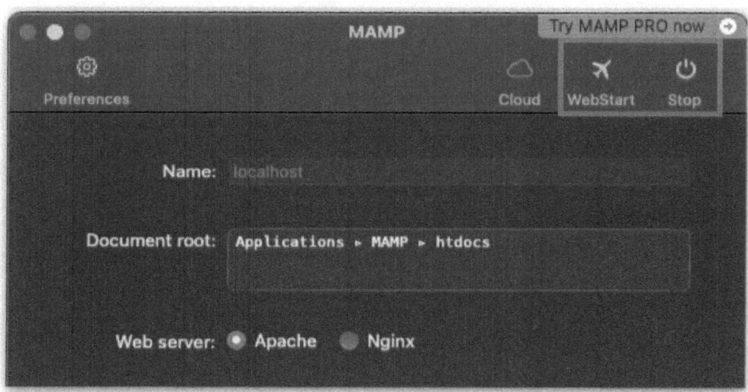

WebStart düğmesini kullanarak MAMP ana sayfasını açın.

Tools > phpMyAdmin seçeneğine gidin.

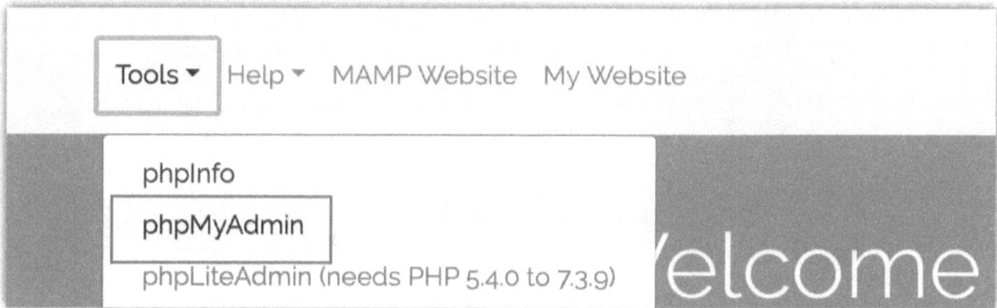

Bir **phpMyAdmin** penceresi görünür. Bu, bir veritabanı oluşturmanızı ve yönetmenizi sağlar. Bir **MySQL** veritabanı oluşturun.

1. **Databases** sekmesine tıklayın.

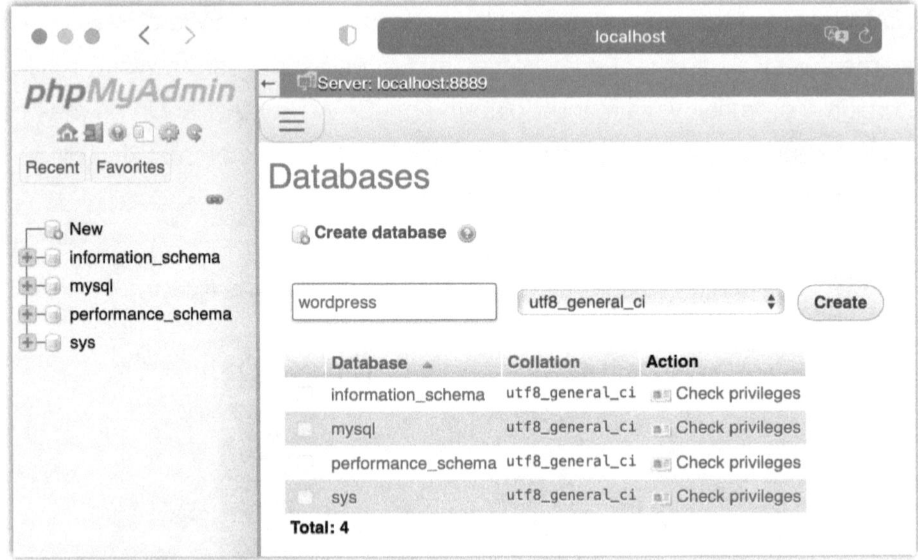

2. **Create new database** seçeneğine gidin.

   database bir isim verin, örneğin **wordpress**.

   Create düğmesine tıklayın.

Tebrikler! Bir database oluşturdunuz. Şimdi WordPress'i kurmaya devam edin.

1. Bir internet tarayıcısı açın ve **wordpress.org** adresine gidin. WordPress'in en son sürümünü indirin.

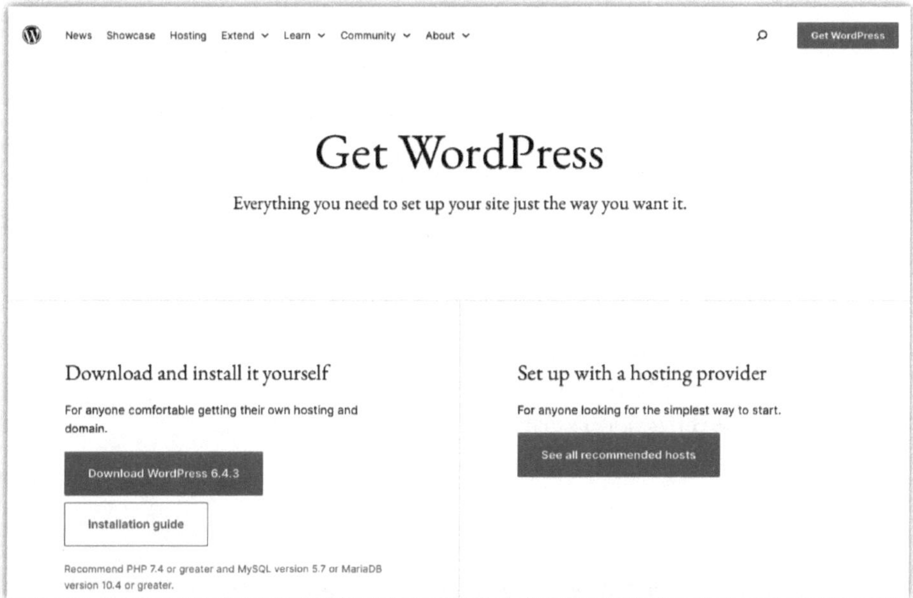

İndirdikten sonra, **İndirilenler** klasörünüzde **.zip** dosyasını bulun ve açın.

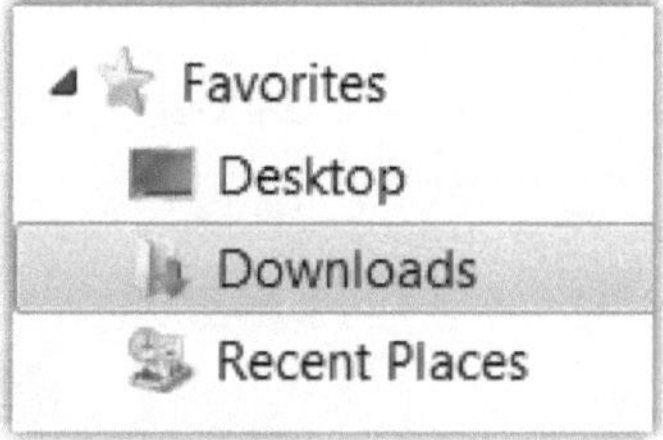

Çıkarılan klasörü **wp** olarak yeniden adlandırın.

2. **wp** klasörünü sunucunuzun kök dizinine yerleştirin. MAMP kullanıcıları için bu genellikle **htdocs** klasörüdür.

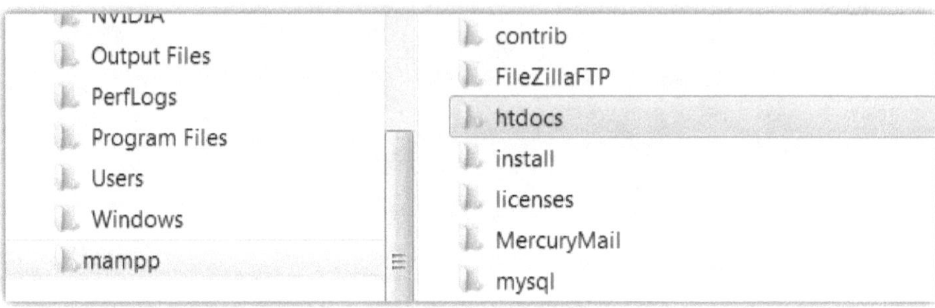

3. **WebStart** ile MAMP ana sayfasını açın.

   Web Site > wp üzerine tıklayın.

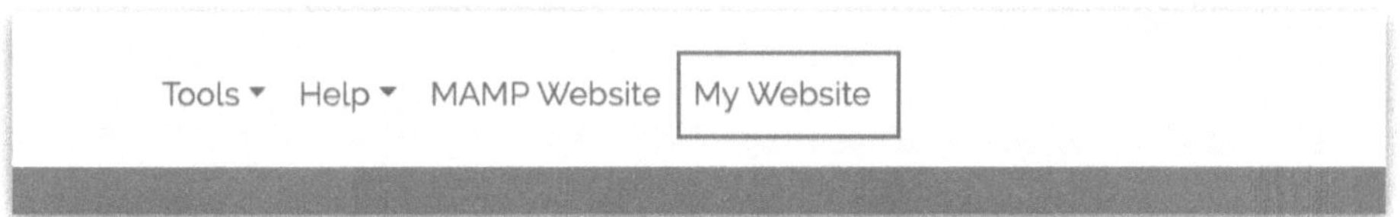

   Ya da tarayıcınıza şu adresi girin: **http://localhost:8888/wp**.

4. WordPress panosu için tercih ettiğiniz dili seçin ve **Devam**'a tıklayın.

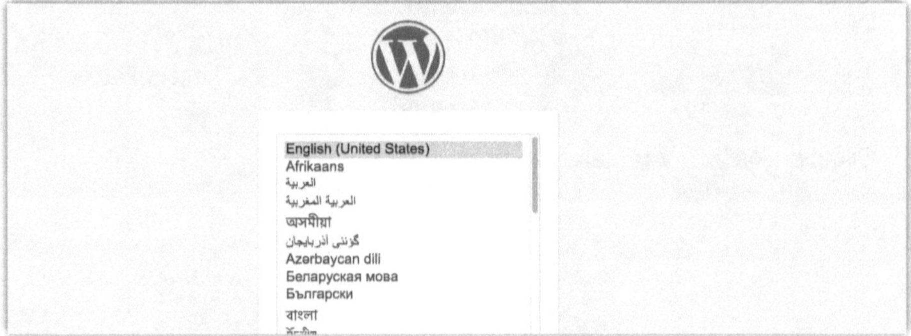

5. WordPress sizden belirli bilgileri hazırlamanızı isteyecektir.

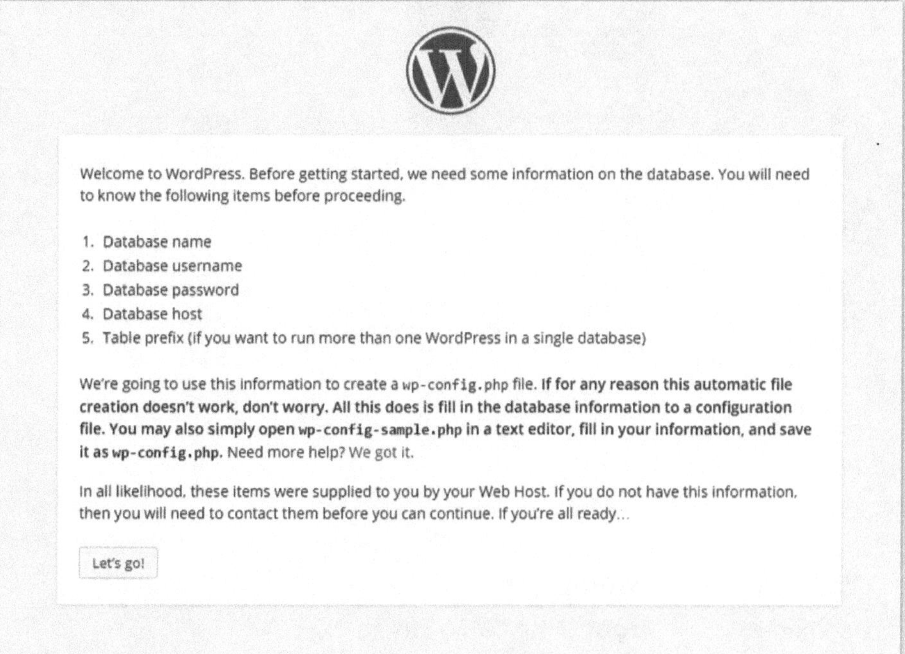

Hadi başlayalım! üzerine tıklayın!

6. Sağlanan alanlara aşağıdaki bilgileri girin:

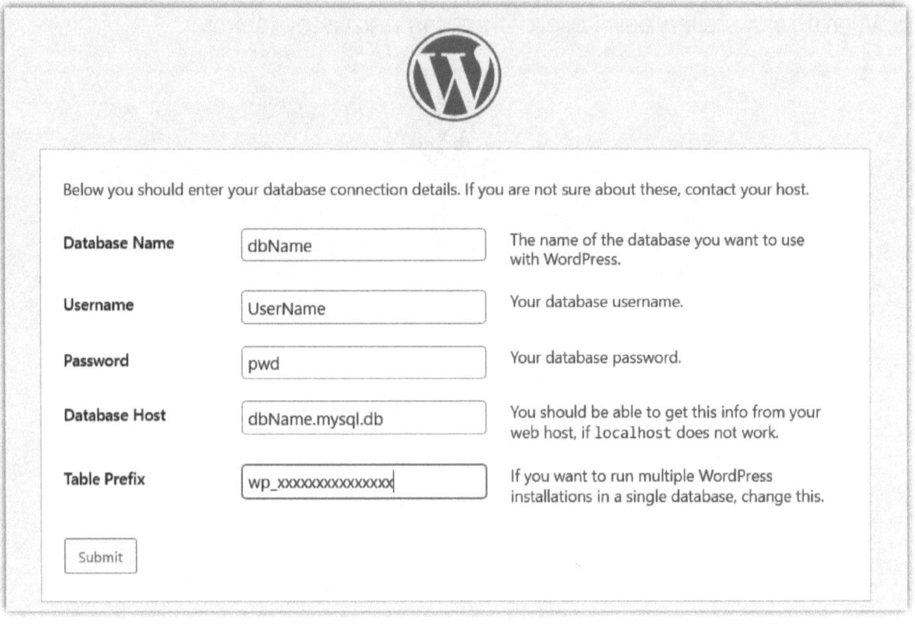

Database Name: **wordpress**
Username: **root**   (for MAMP users)
Password: **root**   (for MAMP users)
Database-host: **localhost**
Tabelprefix: **123wp_** (not alın, alt çizgi ile biter_)

Submit tıklayın

MAMP kullanıcıları için varsayılan veritabanı kullanıcı adı ve parolası "root, root" şeklindedir.

WordPress'teki Tablo Önekleri kavramını biraz daha derinlemesine inceleyelim. Birden fazla WordPress sitesini tek bir veritabanına bağlamak mümkündür. Kurulum sırasında tablo önekinin devreye girdiği yer burasıdır. Önek, her WordPress sitesinin paylaşılan veritabanından doğru verileri almasını sağlar.

WordPress varsayılan olarak tablolarına **wp_** önekini atar. Ancak bu varsayılan önek bilgisayar korsanları tarafından yaygın olarak tanınmaktadır. Güvenliği artırmak için kurulum sırasında bu varsayılan öneki değiştirmek akıllıca olacaktır. **123wp_** gibi benzersiz bir önek tercih edin (sonuna bir alt çizgi eklemeyi unutmayın).

7. Yeni bir pencere görünür.

All right, sparky! You've made it through this part of the installation. WordPress can now communicate with your database. If you are ready, time now to...

Run the installation

Run the installation tıklayın.

8. Aşağıdaki pencere görüntülenir.

Site title: Sitenizin başlığı
Username: Yönetici
Password: Yönetici (Bunu daha sonra değiştirin)
Confirm password: Confirm
Email address: E-posta adresiniz
Search Engine... :   Henüz etkinleştirmeyin

Welcome

Welcome to the famous five-minute WordPress installation process! Just fill in the information below and you'll be on your way to using the most extendable and powerful personal publishing platform in the world.

Information needed

Please provide the following information. Do not worry, you can always change these settings later.

Site Title

My Wordpress Website

Username

AdminWPUser

Usernames can have only alphanumeric characters, spaces, underscores, hyphens, periods, and the @ symbol.

Password

YourPWDAdminUser   Hide

Strong

Important: You will need this password to log in. Please store it in a secure location.

Your Email

your.email@adress.tld

Double-check your email address before continuing.

Search engine visibility

☐ Discourage search engines from indexing this site

It is up to search engines to honor this request.

Install WordPress

9. **Install WordPress** tıklayın.

10. Tebrikler! WordPress artık yüklendi. **Login** e tıklayın.

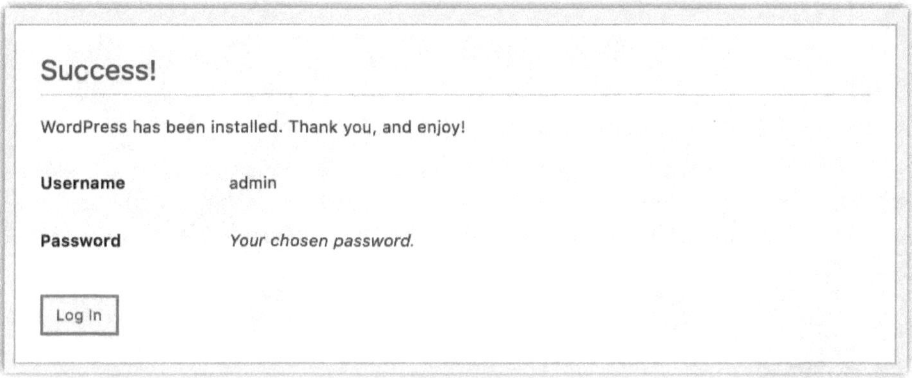

11. Hem kullanıcı adı hem de şifre için **admin** kullanın ve **Login**'e tıklayın.

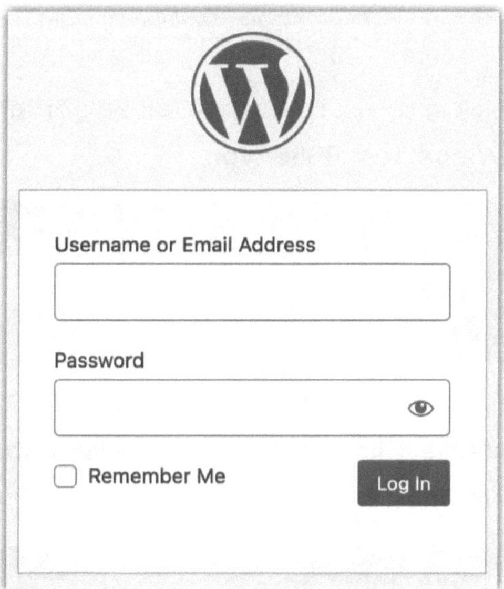

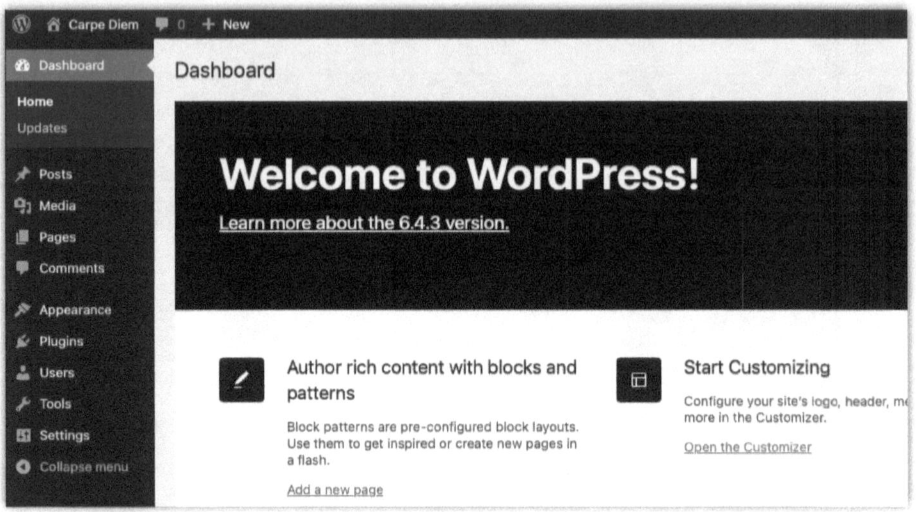

12. WordPress yönetici bölümünde sitenizi daha fazla yapılandırabilirsiniz. Daha fazla talimat için *WORDPRESS AYARLARI* bölümüne geçin.

13. Sitenize erişmek için sol üst tarafa gidin, **siteyi görüntüle** veya URL'yi görüntüle: **http://localhost:8888/wp**.

14. Yönetici bölümünden çıkmak için sağ üstteki **Merhaba, Administrator** öğesine tıklayın ve **Çıkış Yap** öğesini seçin.

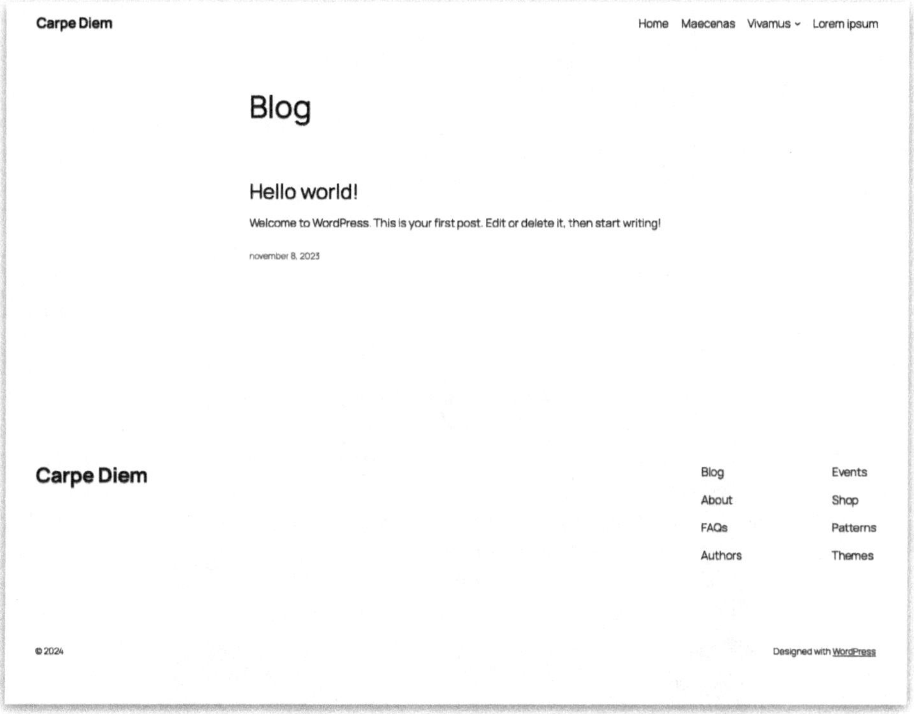

Carpe Diem

Home   Maecenas   Vivamus ˅   Lorem ipsum

Blog

Hello world!

Welcome to WordPress. This is your first post. Edit or delete it, then start writing!

november 8, 2023

Carpe Diem

Blog	Events
About	Shop
FAQs	Patterns
Authors	Themes

© 2024

Designed with WordPress

INTERNET ÜZERINDEN WORD-PRESS KURULUMU

WordPress'i İnternet'e yüklemek, bilgisayarınıza yüklemekle aynı süreci izler (*WordPress'i Yükleme* bölümüne bakın). Ancak çevrimiçi kurulum için bir **hosting provider** edinebileceğiniz bir **domain name** ve **web hosting** ihtiyacınız olacaktır.

Devam etmeden önce web barındırıcınızın **PHP** (sürüm 8.3 veya üstü) ve **MySQL** (sürüm 8.0 veya üstü) desteklediğinden emin olun. Uygun bir host seçtikten sonra kurulum işlemine başlayabilirsiniz. Henüz bir alan adı veya barındırma seçmediyseniz, *ionos.com* gibi sağlayıcıları düşünebilirsiniz.

IONOS

Bir alan adı ve web barındırma için kaydolduktan sonra gerekli bilgileri alacaksınız. Veritabanı oluşturma veya phpMyAdmin'e erişim konusunda emin değilseniz, web barındırma sağlayıcınızla iletişime geçin. İşte sorulacak bazı sorular:

▸ WordPress'i bir **Application installer** kullanarak yükleyebilir miyim?
▸ Değilse, mevcut bir **database** var mı ve adı nedir?
▸ **Database** için kullanıcı adı nedir?
▸ **Database** şifresi nedir?
▸ **phpMyAdmin**'e nasıl erişebilirim?

Bir **database** kurmak ve **phpMyAdmin**'i bulmak, barındırma sağlayıcınıza bağlı olduğunuz için LOCAL veya MAMP kullanmaya kıyasla çevrimiçi WordPress kurulumları için zor olabilir.

Çoğu Web barındırıcısı veritabanı yönetimi konusunda kapsamlı belgeler sunsa da bir yardım masasına başvurmak süreci hızlandırabilir.

Çoğu Web hosts veritabanı yönetimi konusunda kapsamlı belgeler sunsa da, bir yardım masasına ulaşmak süreci hızlandırabilir.

Database barındırmanın her zaman bir veritabanı barındırma hizmeti anlamına gelmediğini unutmamak önemlidir. Database sizin için oluşturulmuştur. Hosting provider zaten bir tane oluşturmuş olabilir ya da sizin oluşturmanız gerekebilir.

İlerleyen bölümlerde iki kurulum yöntemini açıklayacağım:

Yöntem 1, Uygulama yükleyicisi **ile** Wordpress kurulumu.
Yöntem 2, Uygulama yükleyicisi **olmadan** Wordpress kurulumu.

Ek olarak, *YEREL BİR SİTEYİ İNTERNETE TAŞIMAK* bölümünde, bir WordPress sitesini bilgisayarınızdan internete nasıl aktaracağınızı, **local** bir ortamdan **remote** bir ortama nasıl taşıyacağınızı açıklayacağım.

Uygulama yükleyicisi **ile** Wordpress kurulumu

Birçok web hosts, WordPress gibi CMS platformlarının kurulum sürecini dakikalar içinde ve teknik uzmanlık gerektirmeden basitleştiren bir application installer içeren bir kontrol paneli sağlar.

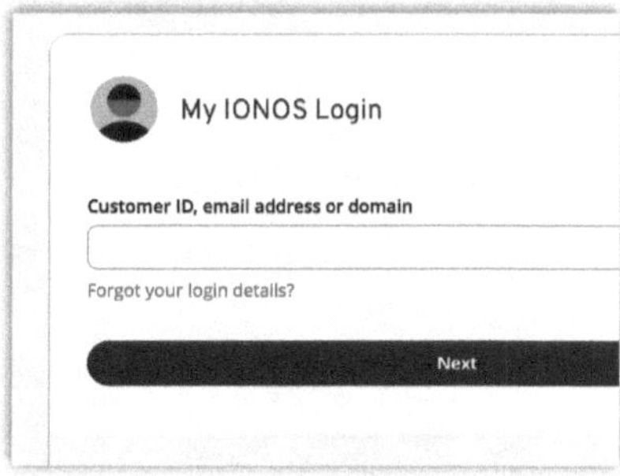

1. **IONOS** hesabınıza giriş yapın ve
   Menu > Websites and Stores bölümüne gidin.

2. **Popular Open-Source solutions** tıklayın.

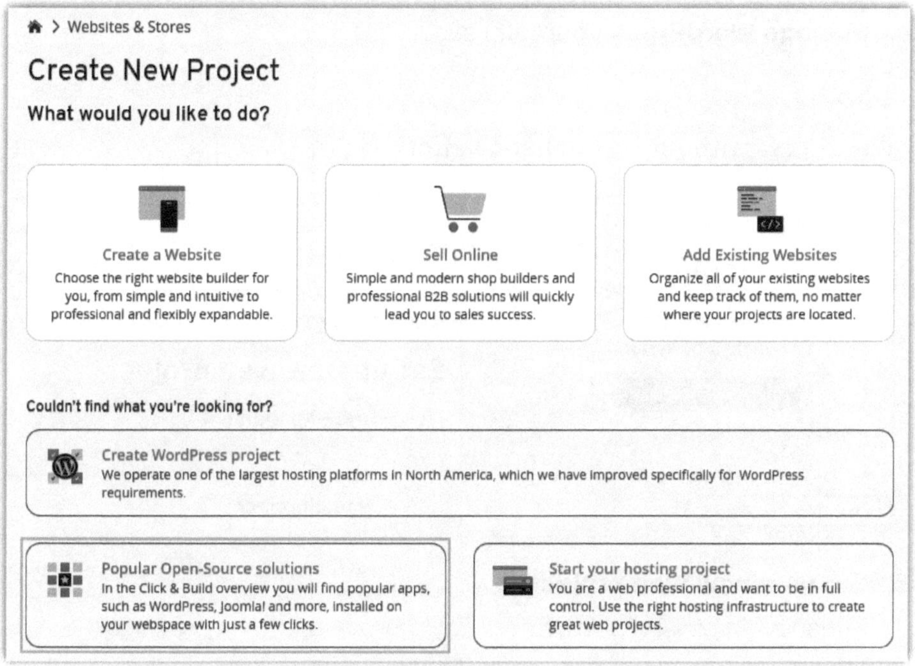

3. **Click & Build Overview** sayfasında mevcut uygulamaların bir listesini bulacaksınız. **WordPress**'i bulun ve **Install** ye tıklayın.

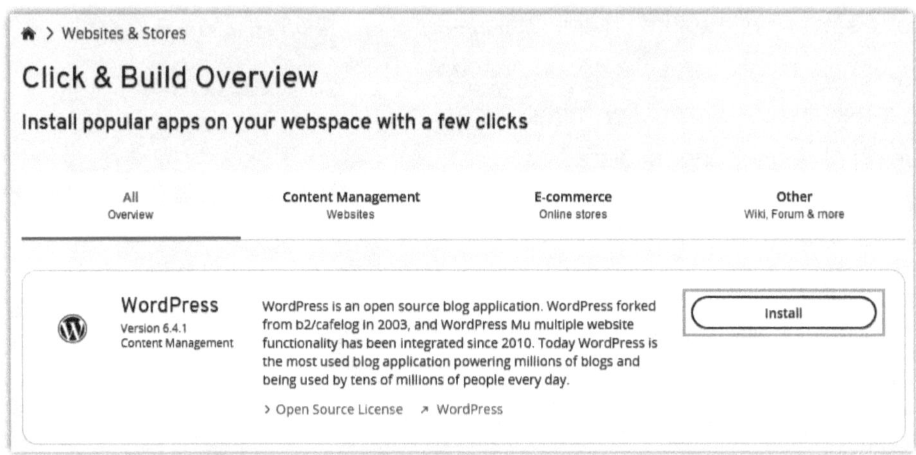

4. **Manage WordPress yourself** i seçin.

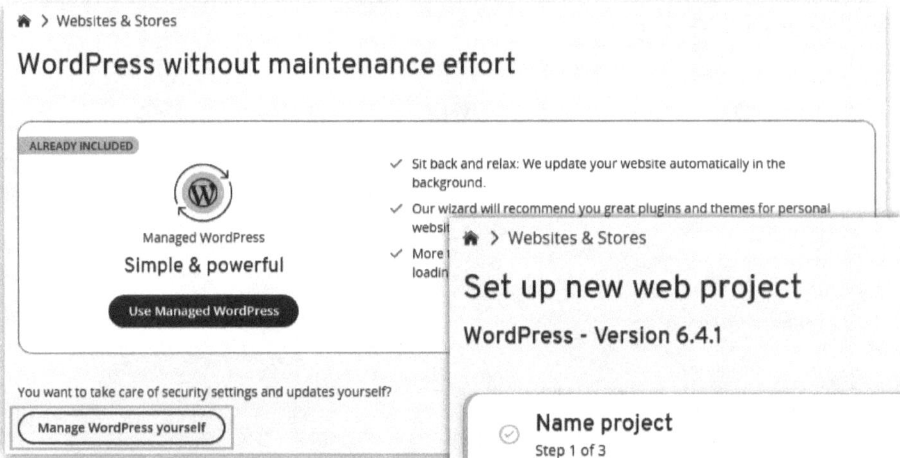

5. **Set up a new web project**: Projeniz için bir isim girin ve **Next** butonuna tıklayın.

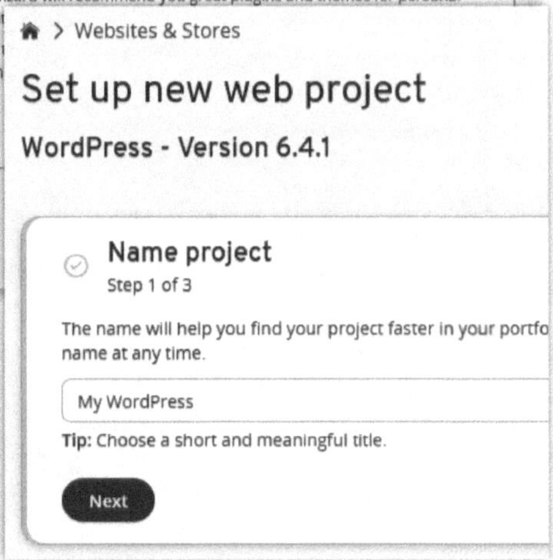

Create admin user:
Web sitenize erişmek için bir kullanıcı adı ve parola belirleyin ve **Next** düğmesine tıklayın.

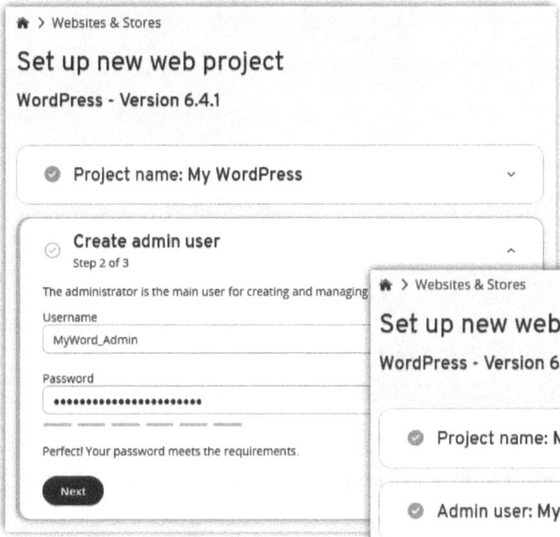

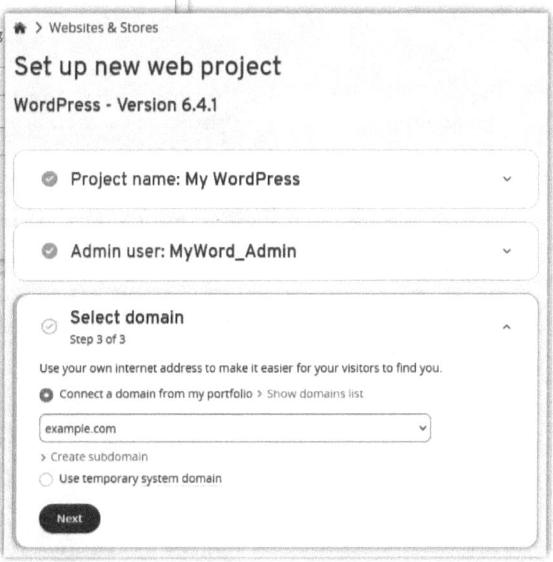

Select domain:
Bağlanmak istediğiniz **domain** seçin ve **Next** düğmesine tıklayın.

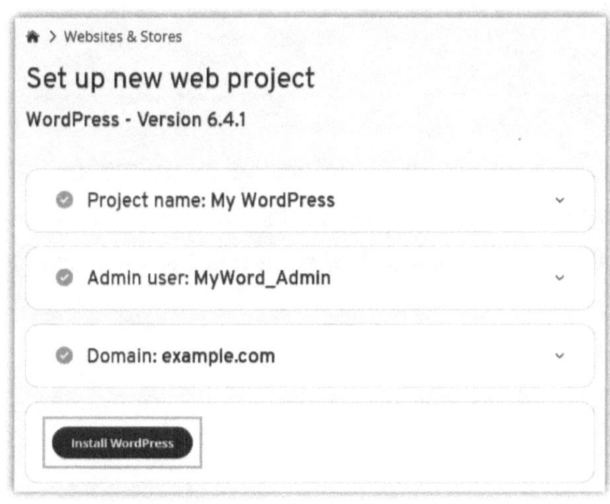

Kurulumu başlatın, **Install WordPress** ye tıklayın.

Kurulum tamamlandığında, bir e-posta bildirimi alacaksınız

Uygulama yükleyicisi **olmadan** Wordpress kurulumu

Web host size aşağıdaki (hayali) verileri sağlamıştır:

```
Technical information for http://www.your_site.com

WWW:
Homepage url:          http://www.your_site.com

CONTROL PANEL
Url:                   https://www.your_site.com:8443
Username:              your_site.com
Password:              1abCdeFg

FTP:
To transfer your website to our server, you will need an
FTP program.

Host:                  ftp.your_site.com
Username:              your_username
Password:              2abCdeFg

EMAIL:
POP3 server:           pop.your_site.com
SMTP server:           http://www.your_host.com/n5
Webmail:               http://www.your_host.com

STATISTICS:
Url:                   https://www.your_host.com/st
User name:             your_site.com
Password:              3abCdeFg
```

Bu durumda, WordPress'i yüklemeden önce bir **database** oluşturmanız gerekir. Bu işlem genellikle databases oluşturmak da dahil olmak üzere sitenizin çeşitli yönlerini yönetebileceğiniz bir **kontrol paneli** kullanmayı içerir.

Web host tarafından sağlanan önemli ayrıntılar arasında **FTP bilgileri** ve e-posta adreslerini yönetme ve databases oluşturma gibi siteyle ilgili görevleri yerine getirebileceğiniz **kontrol paneline** erişim yer alır.

Aşağıda **Plesk** adlı benzer bir kontrol panelini görebilirsiniz.

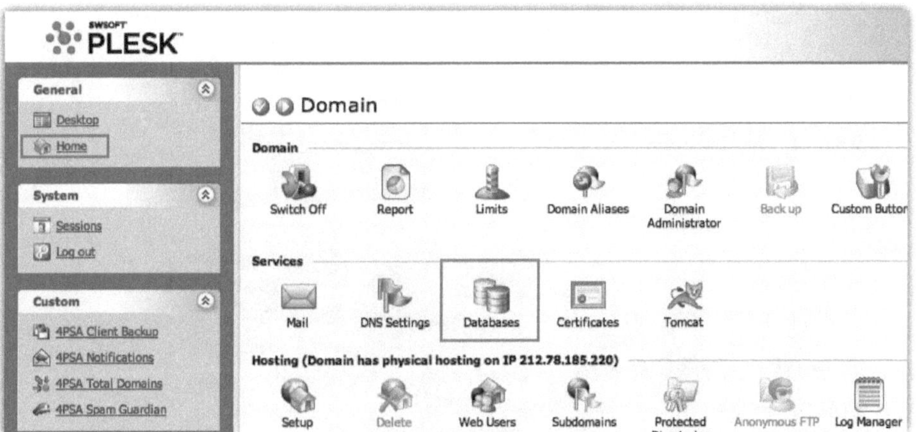

Bir database oluşturmak web hosts arasında farklılık gösterebilir, ancak temel adım, kontrol panelinden kendiniz bir database oluşturmanız gerektiğidir. Amaç, kontrol paneli arayüzünde bir **database simgesi** ya da seçeneği bulmaktır. Tipik olarak, MySQL databases yönetmek için bir araç olan php-MyAdmin'e bir bağlantı bulacaksınız, bu da etkinleştirilecek ve görünür olacaktır.

Aşağıdaki açıklama bir Plesk ortamını varsayıyor olsa da, web host Plesk kullanmıyorsa, açıklanan yöntem yine de neye bakmanız gerektiği konusunda size bir anlayış sağlayabilir. Bir database oluşturma süreci genellikle farklı kontrol paneli arayüzlerinde benzerdir.

1. Bir web tarayıcısı açın ve web host tarafından sağlanan **kontrol paneli** URL'nize (bağlantı) gidin. Web host kimlik bilgilerinizi kullanarak oturum açın.

2. Giriş yaptıktan sonra, **Home** üzerine tıklayın veya **domain name** gidin, ardından **Databases** i bulun ve tıklayın.

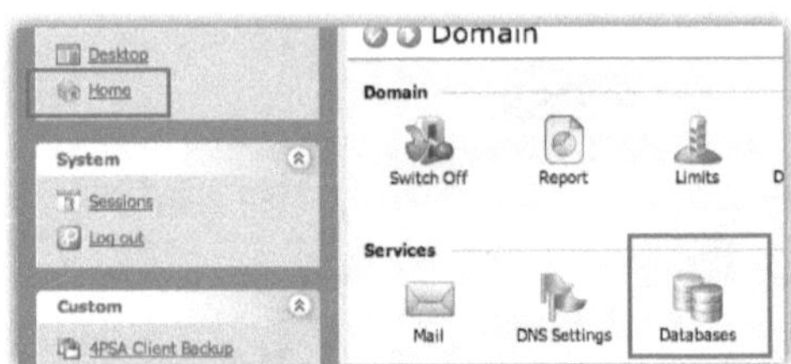

3. Databases bölümünde, **Add New Database** yi bulun ve tıklayın.

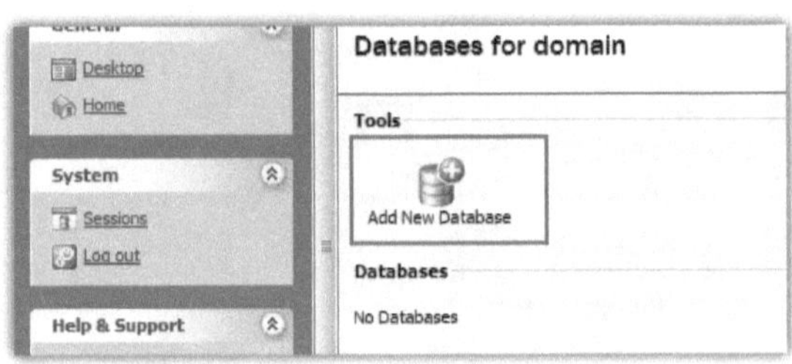

4. **Database name** alanında, database için istediğiniz bir adı belirtin. Tür'ün **MySQL** olarak ayarlandığından emin olun. Ardından **OK** düğmesine tıklayın.

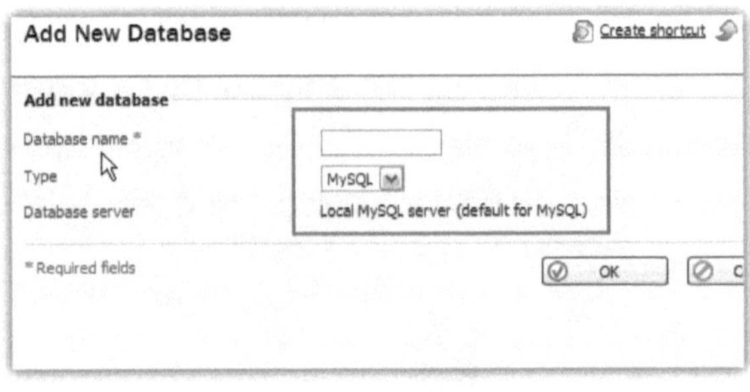

5. Ardından, **Add New Database User** ye tıklayarak bir database kullanıcısı oluşturun.

6. **Database user name** alanına, database kullanıcısı için bir kullanıcı adı girin. Ardından **New Password** ve **Confirm Password** alanlarına kullanıcı için bir şifre girin. Kullanıcı ayrıntılarını kaydetmek için **OK** e tıklayın.

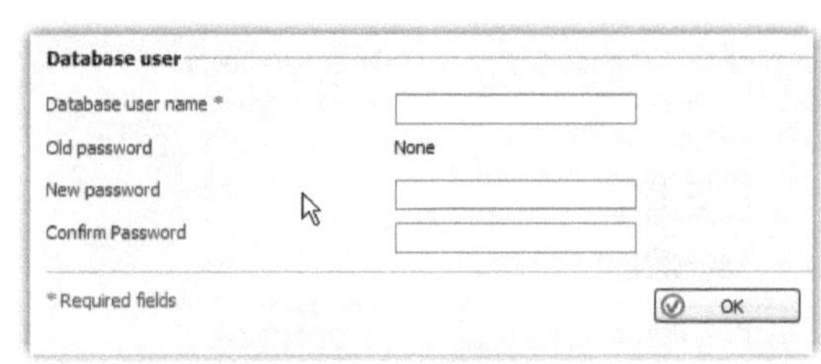

7. Database artık oluşturulmuştur. Yeni bir pencerede çevrimiçi phpMyAdmin arayüzüne erişmek için **DB WebAdmin** üzerine tıklayın.

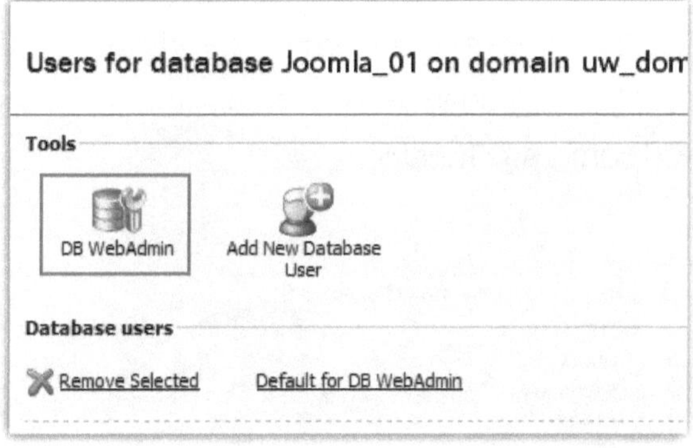

8. phpMyAdmin'e eriştikten sonra, kontrol panelinizden çıkış yapabilirsiniz.

Database oluşturulduktan sonra WordPress'i yüklemeye devam edebilirsiniz. Web sitenizin alan adına gidin ve WordPress kurulum sihirbazı tarafından sağlanan tüm kurulum adımlarını (1'den 11'e kadar) uygulayın.

İşte ihtiyacınız olan temel ayrıntılar:

- FTP bilgileri.
- MySQL bilgileri.
- phpMyAdmin için URL adresi.

WordPress'in en son sürümünü **indirin**. WordPress klasörünün ayıklanmış içeriğini doğrudan server domain kök dizinine **yükleyin**. Bu görev için bir FTP programı kullanın.

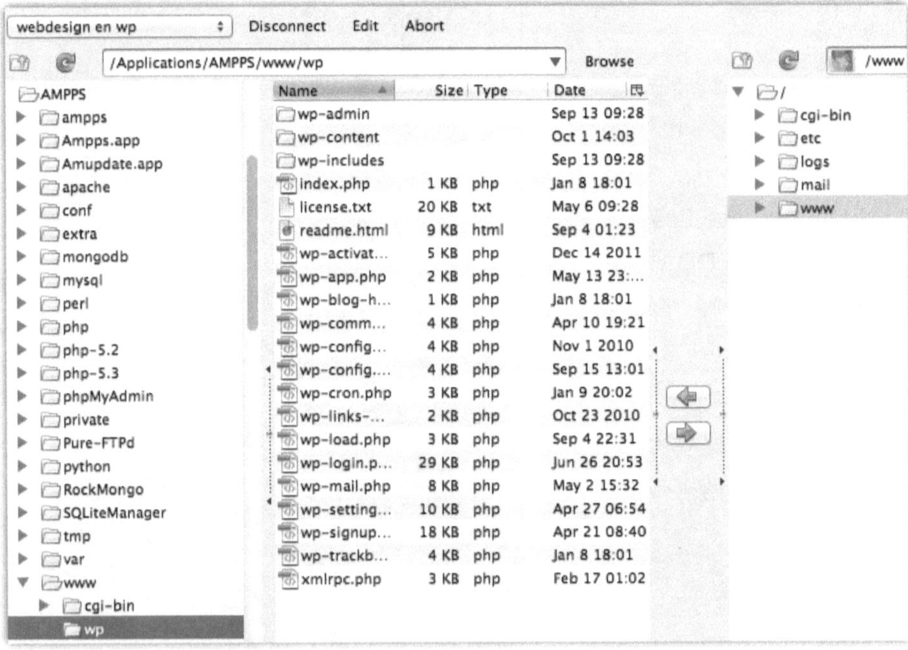

WordPress içeriği web host yüklendikten sonra, site kurulumunu başlatabilirsiniz.

1. Bir web tarayıcısı açın ve şu adrese gidin: **http://www.your_site.com/wp-admin**.

2. WordPress dashboard için tercih ettiğiniz dili seçin ve ardından **Continue** butonuna tıklayın.

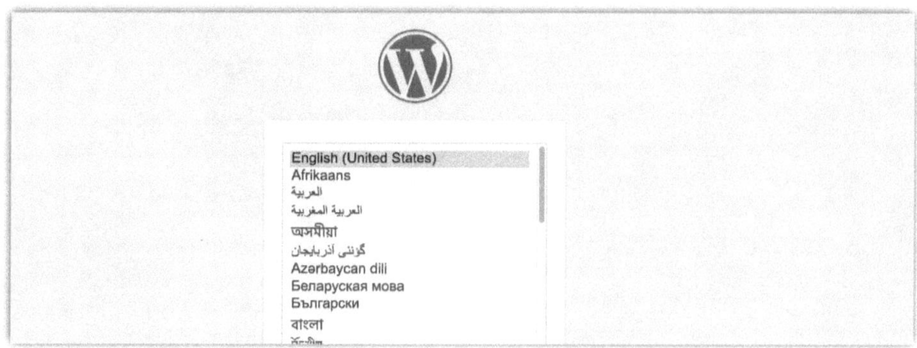

WordPress, kuruluma devam etmek için belirli bilgilere sahip olmanızı isteyecektir. Bu bilgiler aşağıdaki adımlarda gerekli olacaktır.

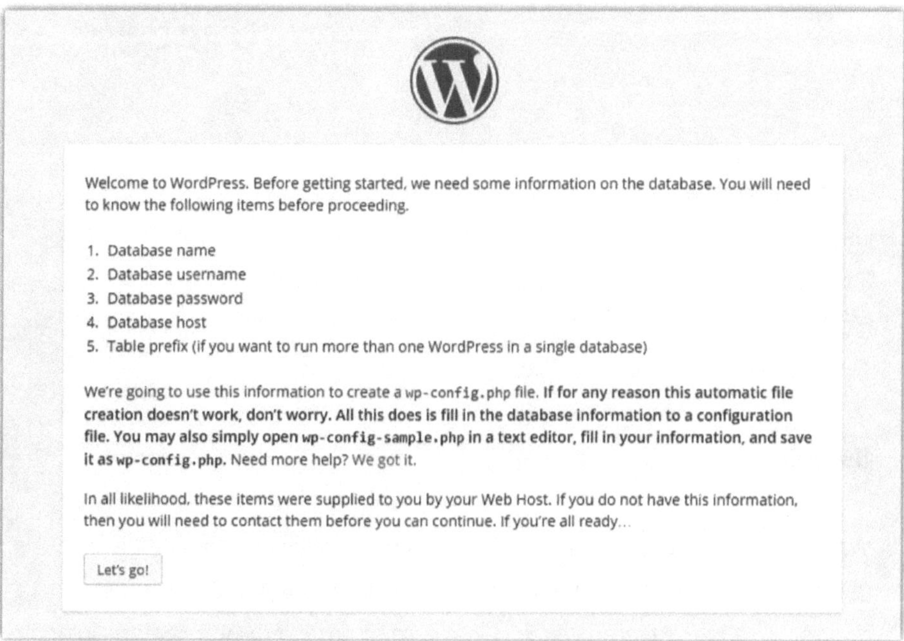

Let's go! e tıklayın.

3. Aşağıdaki pencere ile karşılaşacaksınız. Web host verilerinizi kullandığınızdan emin olun:

Below you should enter your database connection details. If you are not sure about these, contact your host.

Database Name	dbName	The name of the database you want to use with WordPress.
Username	UserName	Your database username.
Password	pwd	Your database password.
Database Host	dbName.mysql.db	You should be able to get this info from your web host, if localhost does not work.
Table Prefix	wp_xxxxxxxxxxxxxxx	If you want to run multiple WordPress installations in a single database, change this.

Submit

Database name: İsim_database (web host data)
Username: Kullanıcı_adı_database (web host data)
Password: Şifre_database (web host data)
Host name: Localhost
Tableprefix: Örn. 123wp_ (alt çizgi ile not_)

Submit butonuna tıklayın.

WordPress varsayılan olarak tablolarına **wp_** önekini atar. Ancak bu varsayılan önek bilgisayar korsanları tarafından yaygın olarak tanınmaktadır. Güvenliği artırmak için kurulum sırasında bu varsayılan öneki değiştirmek akıllıca olacaktır. **123wp_** gibi benzersiz bir önek tercih edin (sonuna bir alt çizgi eklemeyi unutmayın).

4. Yeni bir pencere görünür. **Run the installation** seçeneğine tıklayın.

> All right, sparky! You've made it through this part of the installation. WordPress can now communicate with your database. If you are ready, time now to...
>
> Run the installation

5. Yeni bir pencere açılacaktır. İstenen bilgileri doldurun:

Site title:	Sitenizin başlığı
Username:	Admin
Password:	Admin (bunu daha sonra değiştirebilirsiniz)
Email address:	E-posta adresiniz
Search engine... :	Henüz etkinleştirmeyin

6. Ardından, **Install WordPress** seçeneğine tıklayın.

7. Tebrikler! WordPress artık yüklü.
   Sitenizi yapılandırmak ve kurmak için **Login** e tıklayın.

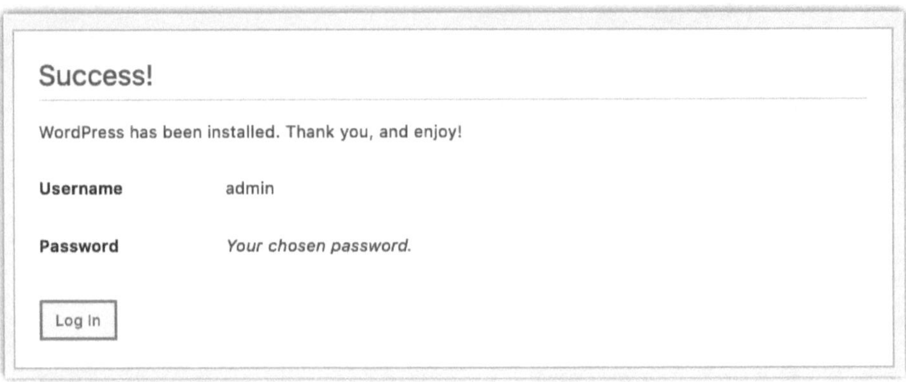

8. Sitenizi ziyaret etmek için sol üst tarafa gidin ve **Siteyi Görüntüle** ye tıklayın.

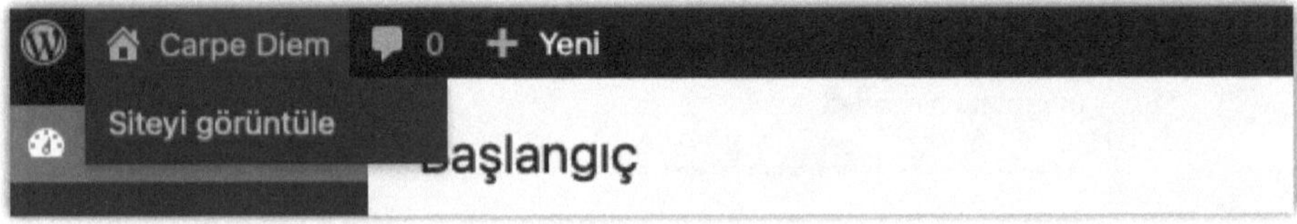

9. Oturumu kapatmak için sağ üst köşedeki **Merhaba administrator**'a tıklayın ve **Çıkış Yap**'ı seçin.

phpMyAdmin'e erişmek için web host tarafından sağlanan aşağıdaki bilgileri kullanın:

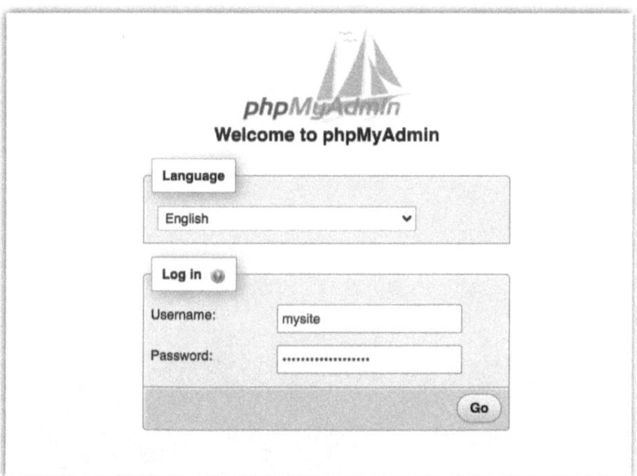

phpMyAdmin URL: http://phpMyAdmin.your_site.com
Username: your_phpMyAdmin_username
Password: your_ phpMyAdmin_password

TEMEL AYARLAR, IÇERIK VE ÖZELLEŞTIRME

İçerik eklemek ve bir WordPress sitesini özelleştirmek, bu sistemle nasıl etkileşim kuracağınızı net bir şekilde anlamanızı sağlayacaktır. Bu bölümde aşağıdaki bileşenleri ele alıyorum:

▸ Siteyi Görüntüleme.

▸ WordPress Sitesini **Güncelleme**.

▸ **Twenty Twenty-One** temasını yükleme.

▸ **Site Başlığını** ve **Sloganını** Özelleştirin.

▸ **Site Dilini** Özelleştirme.

▸ Site için İçerik Oluşturma: **Yazılar** ve **Sayfalar**.

▸ Yeni bir **Giriş Sayfası** Oluşturma.

▸ **Menü** Oluşturma.

▸ **Ortam kitaplığı** Kullanma.

▸ **Görseller** ekleyin.

▸ Özelleştirme ve **Kategori** Oluşturma.

▸ Siteye **Widget** Ekleme.

▸ **Altbilgi** bilgilerini özelleştirme.

▸ **Kullanıcı** ekleme.

Lütfen dikkat: Bu kitap **WordPress 6.9** ve **Twenty Twenty-One** temasını kullanmaktadır.

Bir WordPress kurulumundan sonra, varsayılan **Twenty Twenty-Five** teması görüntülenir. Ancak WordPress, kullanıcıların bir **Block Theme** yı görsel olarak değiştirmelerine olanak tanıyacak **Full Site Editing** adlı yeni bir özellik sunmayı planlamaktadır.

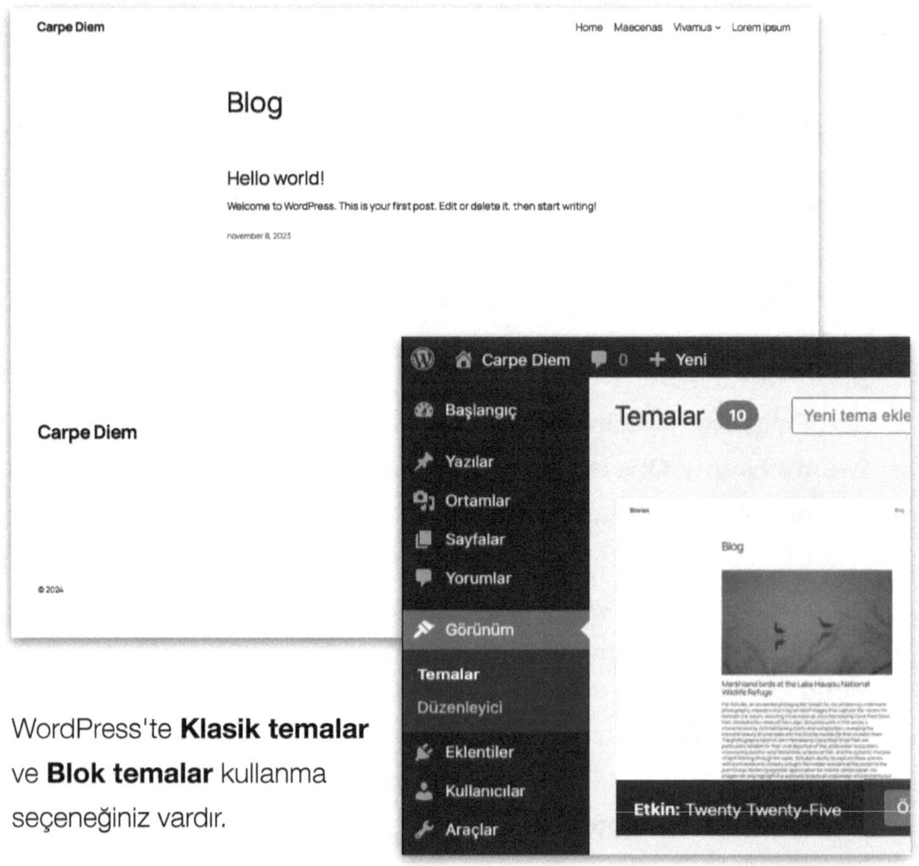

WordPress'te **Klasik temalar** ve **Blok temalar** kullanma seçeneğiniz vardır.

Şu anda Blok temalarından (1.000+) daha fazla Klasik tema (22.000+) mevcut olduğundan, bu kitap platformu kapsamlı bir şekilde anlamak için Twenty Twenty-One Klasik temasını kullanmaktadır.

Blok temaları hakkında daha fazla ayrıntı için BLOK TEMALARI bölümüne bakın ve **WordPress Blok Teması** kitabına başvurun.

Twenty Twenty-One Temasını Yükleme bölümünde, Blok temasını nasıl değiştireceğinizi öğreneceksiniz.

WordPress frontend

WordPress web sitenizin ön yüzünü görüntülemek için bir web tarayıcısı açın ve web sitenizin URL'sine gidin. Bilgisayarınızda yerel olarak WordPress yüklüyse, **LOCAL** veya **MAMP** sunucusunu başlatabilir ve siteye erişebilirsiniz.

LOCAL kullanıyorsanız, **wp** adlı web sitesi için **OPEN SITE** seçeneğine tıklayın.

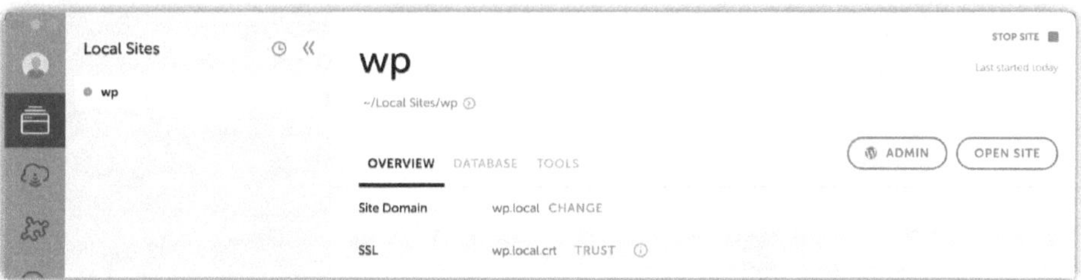

MAMP için ana sayfaya gidin ve **My Website > wp**'ye tıklayın.

Bu ekranda, **MAMP** kök dizininde bulunan tüm klasörleri göreceksiniz dizinine gidin. WordPress sitenize erişmek için **wp/** adlı klasörü bulun ve tıklayın; bu klasör daha sonra web tarayıcınızda açılacaktır.

Siteye girdiğinizde, başlangıçta varsayılan **Twenty Twenty-Five** temasını göreceksiniz. **Twenty Twenty-One** temasını etkinleştirdikten sonra aşağıdaki unsurlar:

- Site başlığı ve Slogan (en üstte bulunur).
- Navigasyon (etkinleştirildiyse sağ üstte).
- "Merhaba Dünya!" başlıklı Varsayılan Blog yazısı.
- Arama kutusu, en son gönderiler gibi "Widget'lar".
- En altta altbilgi bölümü.

Widget'ların sitenizdeki varlığı, web hosting'inizin ayarlarına bağlı olarak değişebilir. Widget'lar, gerektiğinde eklenebilen veya kaldırılabilen arama kutuları veya arşivler gibi özelleştirilebilir site öğeleridir.

Twenty Twenty-One teması duyarlı olacak şekilde tasarlanmıştır, yani farklı ekran boyutlarına sorunsuz bir şekilde uyum sağlayarak bilgisayarlarda, tabletlerde ve akıllı telefonlarda görüntülenmeye uygun hale gelir.

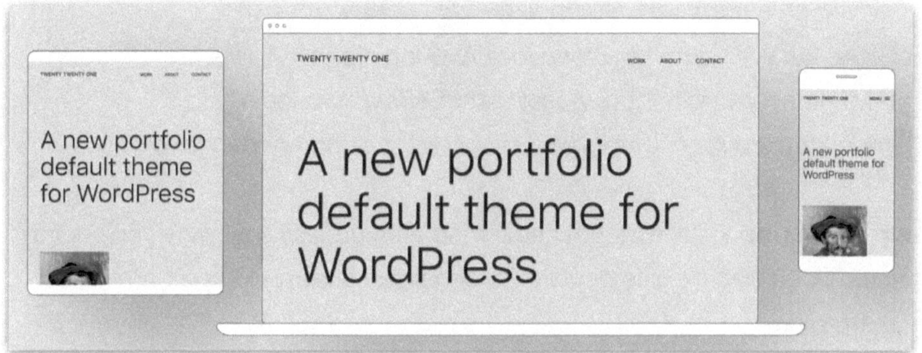

Bu duyarlı tasarım özelliği, çeşitli cihazlarda tutarlı bir kullanıcı deneyimi sağlar.

WordPress genellikle blog oluşturma ile ilişkilendirilse de, birçok web sitesi için yaygın bir kullanım alanı olan bilgilendirici sayfalar oluşturma ve yönetme yeteneğine de sahiptir. Bir web tasarımcısı olarak, genellikle bilgilendirici WordPress siteleri kurmakla görevlendirilirsiniz, blog oluşturma özellikleri ikinci planda kalır.

Bir sonraki bölümde, aşağıdakileri nasıl özelleştireceğinizi, geliştireceğinizi veya devre dışı bırakacağınızı öğreneceksiniz WordPress içindeki belirli bileşenler. Ayrıca, sitenizi daha da özelleştirmek için nasıl yazı, sayfa ve menü oluşturacağınızı keşfedeceksiniz.

WordPress backend

Bu bölümde WordPress'in arka ucunu keşfedeceğiz. Erişmek için bir inter-net tarayıcısı açın ve aşağıdaki adreslerden birini kullanın:

LOKAL kurulum için: http://wp.local/wp-login.php
MAMP kurulumu için: http://localhost:8888/wp/wp-login.php
Online kurulum için: http://www.your_website.com/wp-login.php

wp-login.php kullanmak sizi her zaman arka uç giriş sayfasına yönlendire-cektir. Doğrudan bir giriş bağlantınız olmaması durumunda bu bağlantıyı unutmayın.

Giriş yaptıktan sonra aşağıdakilerle karşılaşacaksınız:

Oturum açma kimlik bilgilerini kullanın:

- Kullanıcı Adı = **admin**
- Parola = **admin**
- **Oturum aç** üzerine tıklayın

WordPress'e hoş geldiniz!

Sistemin arka ucuna girdiniz ve burada genel bilgileri gösteren bir ana sayfa bulacaksınız. Bu sayfa **Başlangıç** olarak adlandırılır. Burada, sitenizle ilgili en son gelişmeler haBaşlangıçkkında bilgi sahibi olacaksınız.

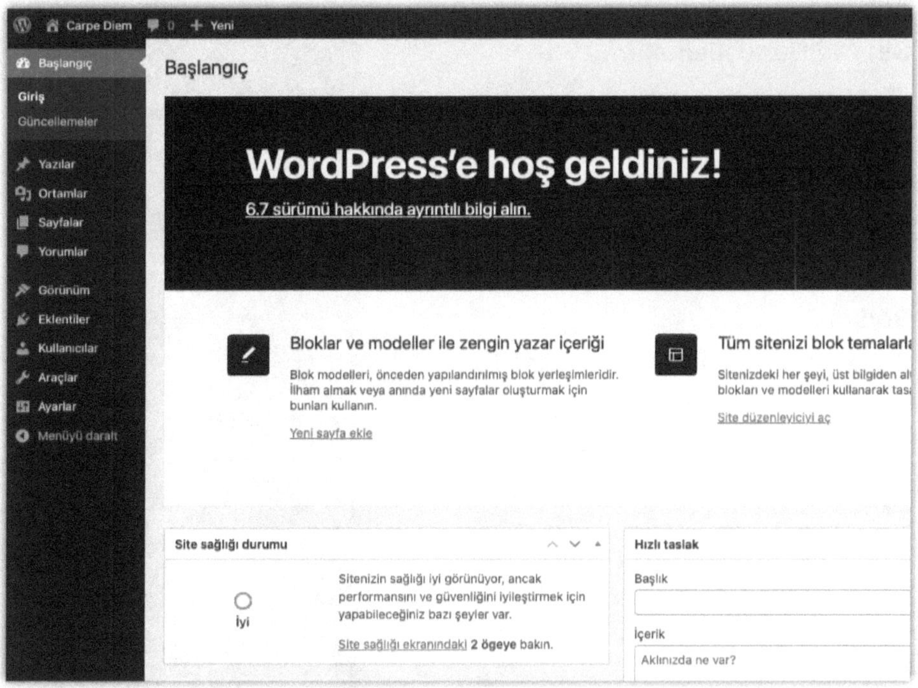

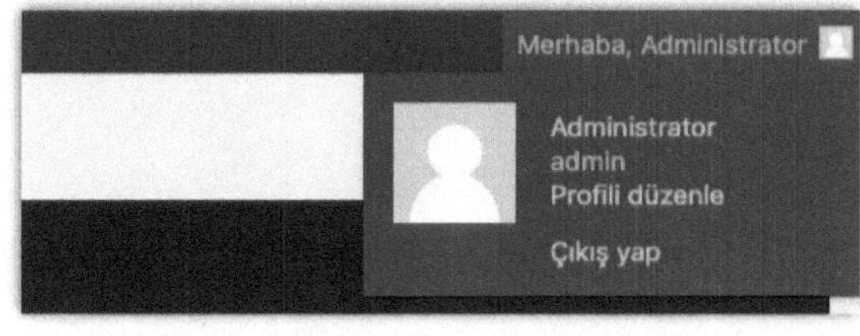

Sol sütunda, sistemi özelleştirmenize ve sitenize gerekli içeriği eklemenize olanak tanıyan çeşitli seçenekler bulacaksınız.

Oturumu kapatmak için sağ üst köşeye gidin.

Merhaba, Administrator'a tıklayın ve **Çıkış yap** öğesini seçin.

Başlangıç

WordPress'teki menü **Başlangıç** olarak adlandırılır. Üç ana bölüme ayrılmıştır:

Bölüm 1:
Giriş ve **Güncellemeler**.

Bölüm 2:
Sisteme içerik eklemek için seçenekler:
Yazılar, **Ortamlar**, **Sayfalar** ve **Yorumlar**.

Bölüm 3:
Sistemi özelleştirmek veya yapılandırmak için seçenekler, örneğin: **Görünüm**, **Eklentiler**, **Kullanıcılar**, **Araçlar** ve **Ayarlar**.

WordPress güncellemeleri

WordPress'i kurduktan sonra, güvenlik ve kararlılığını artırmak için sistemi güncel tutmak önemlidir. Bu sadece **WordPress Core** un değil aynı zamanda **eklentiler** ve **temalar** için de güncelleme yapılmasını içerir.

Başlangıç Tablosu menüsünde **Güncellemeler** kelimesinin yanında mevcut güncellemeleri gösteren bir sayı göreceksiniz. Benzer şekilde, **Eklentiler**'in yanındaki sayı da mevcut eklenti güncellemelerinin sayısını gösterir.

Güncellemeleri kontrol etmek için **Güncellemeler'e** tıklayın. Mevcut güncellemeleri inceleyebileceğiniz bir ekrana yönlendirileceksiniz.

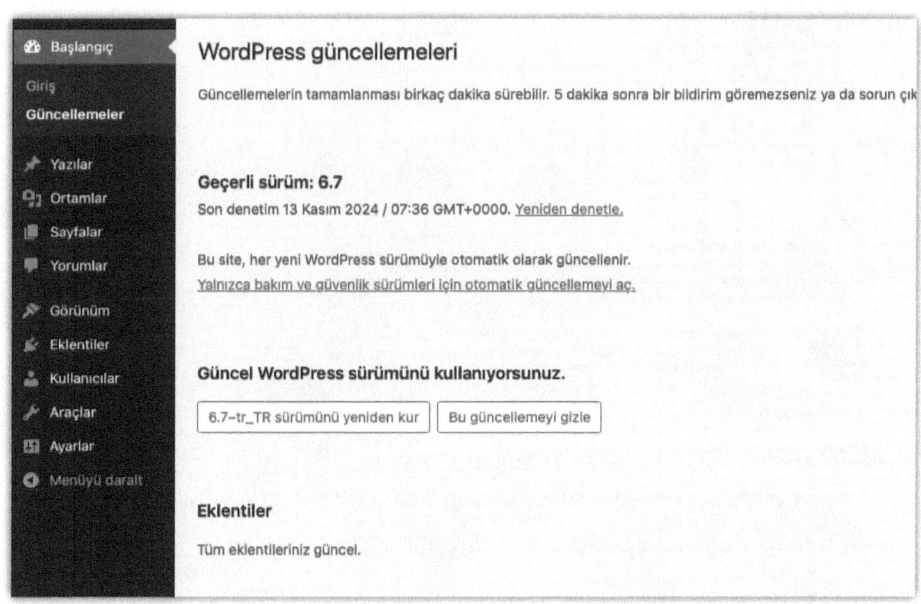

WordPress'in yeni bir sürümü mevcutsa, **WordPress'i Güncelle** düğmesine tıklayın. WordPress'in 3.7 sürümünden itibaren kendini otomatik olarak güncelleyebildiğini unutmayın.

Eklentiler veya temalar için güncellemeler mevcutsa, güncellemek istediğiniz belirli olanları seçebilir ve ardından ilgili **Eklentileri Güncelle** veya **Temaları Güncelle** düğmesine tıklayabilirsiniz.

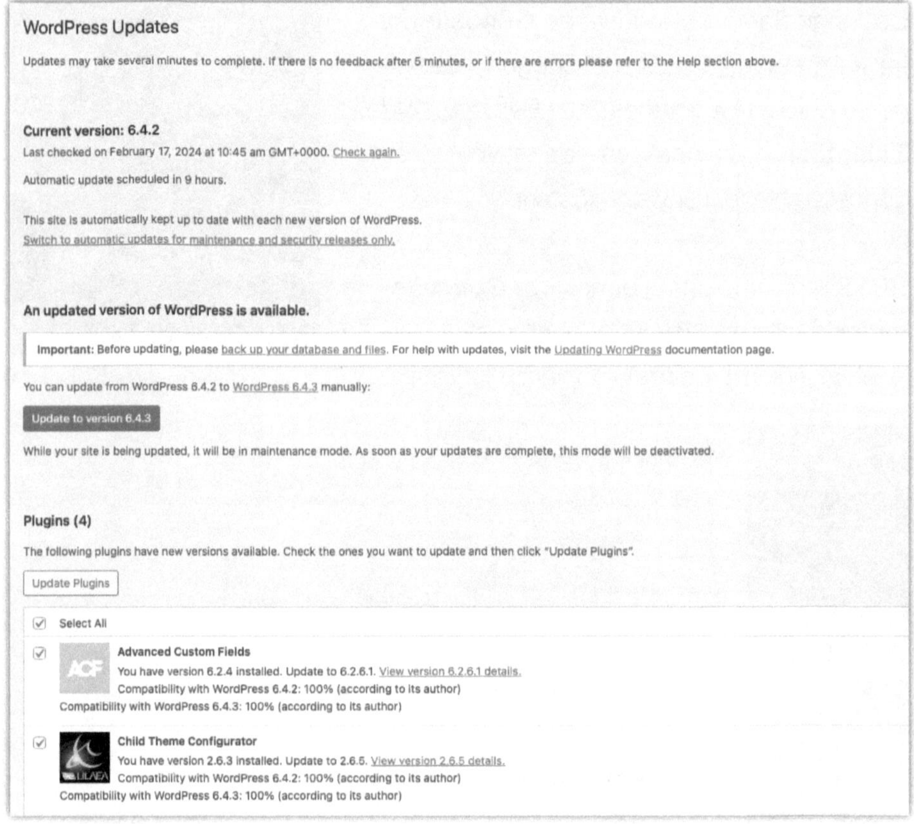

Güncellemeleri düzenli olarak uygulamak, sisteminizi güvenlik açıklarından korumaya yardımcı olduğu, mevcut sorunları çözdüğü ve yeni özelliklere ve iyileştirmelere erişim sağladığı için çok önemlidir.

Twenty Twenty-One Temasını Yükleyin

Başlangıç > Görünüm > Temalar'a gidin.
Yeni tema ekle düğmesine tıklayın.
Arama alanına **Twenty Twenty one** yazın.

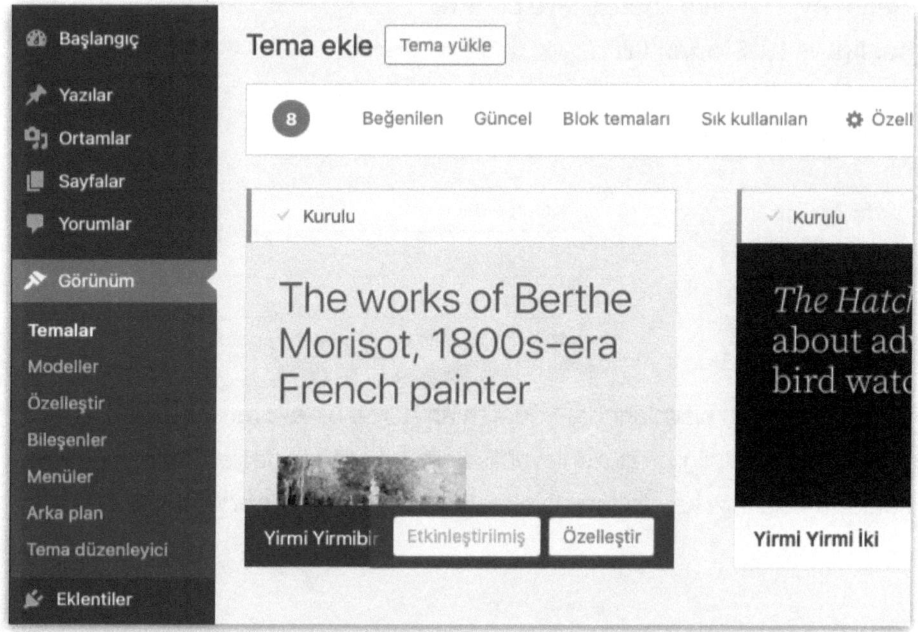

Tema arama sonuçlarında göründüğünde, **Yükle** düğmesine tıklayın.
Yükleme tamamlandıktan sonra **Etkinleştir** düğmesine tıklayın.

Artık klasik *Twenty Twenty-One* temasını başarıyla yüklediniz ve etkinleştir-
diniz.

Bir Blok Tema ile çalışma hakkında daha fazla bilgi edinmek istiyorsanız,
Blok Tema bölümüne bakın.

Site başlığı ve slogan

Şuraya gidin:

Başlangıç > Ayarlar > Genel.

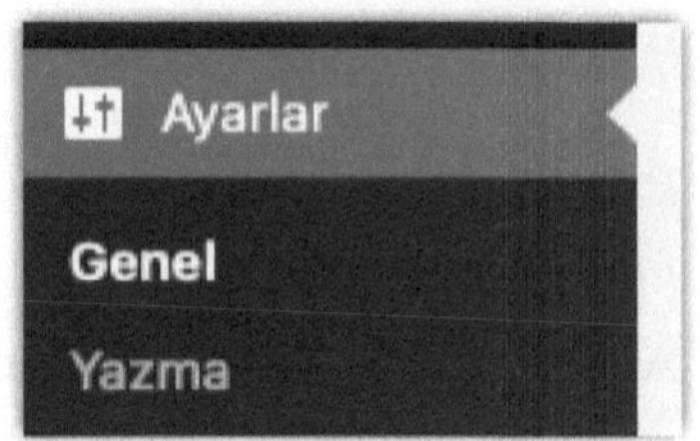

Genel Ayarlar ekranında, siteye bir **Site başlığı** ve bir **Slogan** (alt başlık) sağlayabilirsiniz.

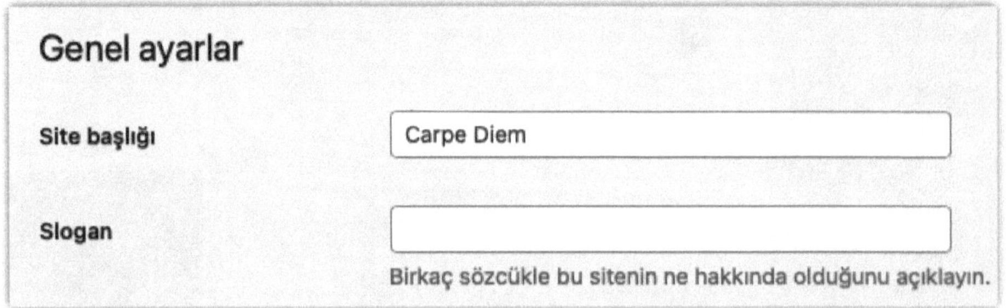

Ekranın ilerleyen kısımlarında, yönetim amacıyla bir **e-posta adresi** de dahil olmak üzere ek bilgileri düzenleyebilirsiniz. İstediğiniz değişiklikleri yaptıktan sonra, ayarlarınızı kaydetmek için **Değişiklikleri kaydet** düğmesine tıklayın.

Site dili

Site dilini değiştirmek için:

Başlangıç > Ayarlar > Genel - Site dili bölümüne gidin.

Tercih ettiğiniz dili seçin. Ardından Değişiklikleri Kaydet düğmesine tıklayın.

Kalıcı bağlantılar

WordPress'teki kalıcı bağlantılar, tarayıcınızın adres çubuğunda görüntülenen web sitenizin URL'lerinin yapısını belirler. WordPress varsayılan olarak "Düz" kalıcı bağlantı ayarını kullanır.

Kalıcı bağlantı ayarlarınızı kontrol etmek veya değiştirmek için:
Başlangıç > Ayarlar > Kalıcı bağlantılar bölümüne gidin.

Varsayılan olarak, **Düz** Kalıcı bağlantı yapısı etkinleştirilebilir ve bu da yeni sayfalar ya da gönderiler için adreste **/?p=123** gibi eklemeler içeren URL'ler

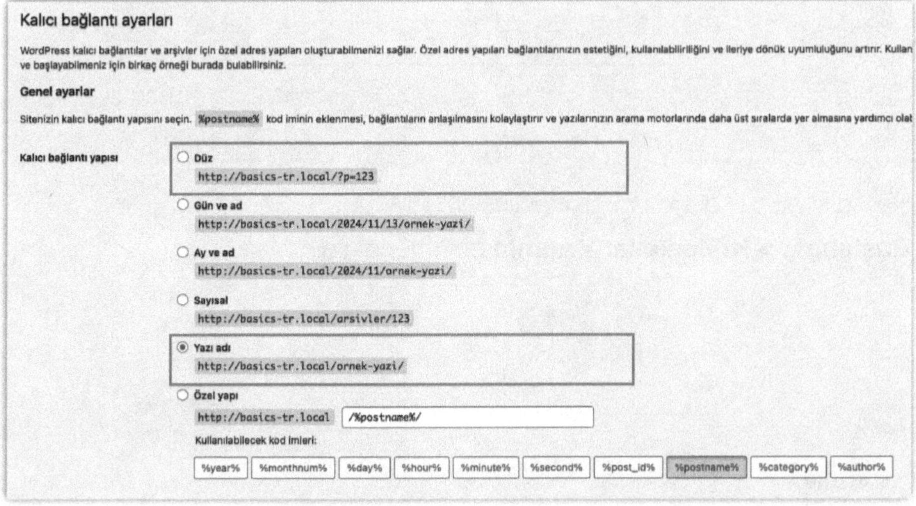

ile sonuçlanabilir. Hem kullanıcılar hem de arama motorları için netlik sağlamak amacıyla URL'ye **yazi başlığını** eklemeniz önerilir. Gönderi veya sayfa başlığını URL'ye eklemek için Kalıcı bağlantı ayarı olarak **Yazi adı** seçeneğini seçin.

İstediğiniz kalıcı bağlantı yapısını seçtikten sonra değişikliklerinizi **kaydetmeyi** unutmayın.

Görünen ad

Bir WordPress sitesi kurulduktan sonra, **Kullanıcı Adı** aynı zamanda web sitesinde herkese açık olarak gösterilen **Görünen Ad** olarak kullanılır. Bu, hem **Dashboard** (Başlangıç) hem de **yayınlanan Yazılarda** görülebilir ve giriş bilgilerinin yarısını ortaya çıkarır.

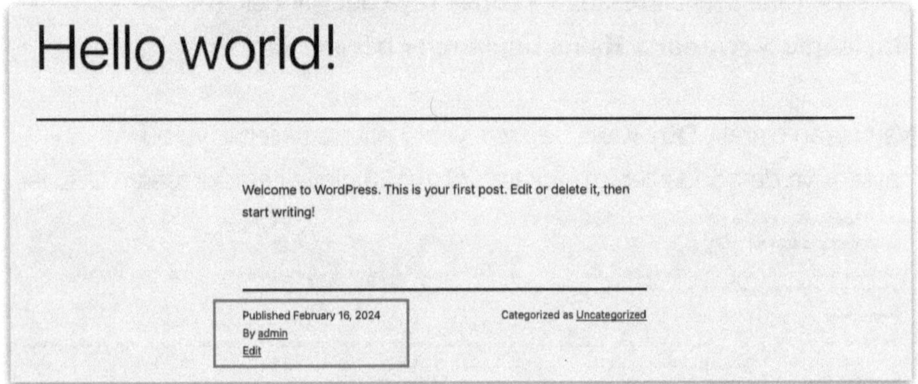

Neyse ki bunu kolayca değiştirebilirsiniz.

Başlangıç > Kullanıcılar - admin bölümüne gidin

Takma ad (zorunlu) yöneticisini tercih ettiğiniz görünen ad ile değiştirin.

Herkese görüntülenecek ad kısmında - tercih ettiğiniz görünen adı seçin.

Kullanıcı Adı nın değişmeden kaldığını unutmayın.

Değişikliklerinizi kaydetmek için **Profili Güncelle** düğmesine tıklayın.

Siteyi görüntüle

Sitenizin sonucunu görmek için ekranın sol üst köşesindeki menü çubuğuna gidin:

Site Başlığı (Carpe Diem) > Siteyi Görüntüle.

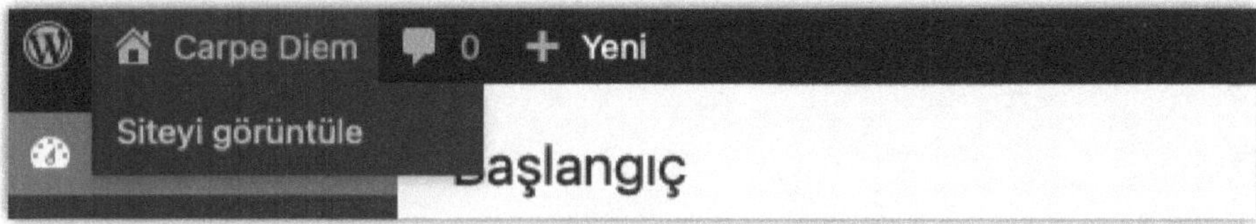

Gösterge Tablosuna dönmek için bir kez daha ekranın sol üst köşesindeki menü çubuğunu kullanın: **Site Başlığı (Carpe diem) > Başlangıç**.

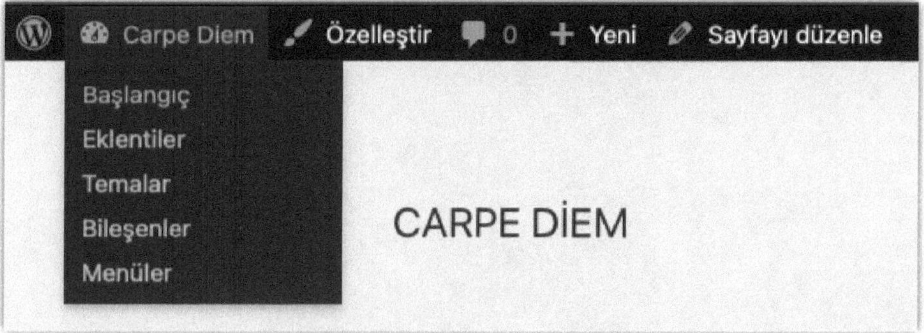

YAZILAR VE SAYFALAR

WordPress'te, her biri farklı amaçlara hizmet eden hem **Yazılar** hem de **Sayfalar** oluşturabilirsiniz. İşte aralarındaki fark.

Yazılar, ziyaretçilerin yorum bırakarak etkileşimde bulunabileceği haber öğeleri veya makaleler gibidir. En son yazılan en üstte olacak şekilde kronolojik sırada görüntülenirler. İçeriği etkili bir şekilde düzenlemek için kategorize edilebilir.

Varsayılan olarak, bir WordPress web sitesinin ana sayfasında bir dizi blog yazısı görüntülenir. Gönderiler aylara veya kategorilere göre arşivlenebilir, böylece ziyaretçilerin belirli içerikleri bulmasını sağlar.

Sayfalar, Hakkımızda, İletişim veya Hizmetler sayfaları gibi statik, zamansız bilgiler içerir. Yazıların aksine, kronolojik olarak saklanmazlar ve tipik olarak yorum bölümleri yoktur. Etkinleştirilmişse ziyaretçiler yorum alanları aracılığıyla sayfalarla etkileşime girebilse de bu işlev sayfalar için yaygın olarak kullanılmaz. Sayfalar gönderiler gibi kategorize edilemez ve genellikle bir bağlantı veya menü aracılığıyla erişilir.

CARPE DIEM

Sample Page

This is an example page. It's different from a blog post because it will stay in one place and will show up in your site navigation (in most themes). Most people start with an About page that introduces them to potential site visitors. It might say something like this:

Yeni yazı ekle

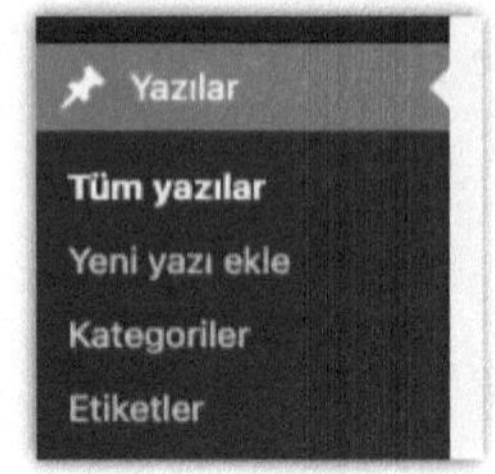

1. **Başlangıç > Yazılar > Yeni yazı ekle** bölümüne gidin.

2. **Yazı** için bir başlık ve içerik girin. Silme gibi blokları yönetmek için seçenekler menüsünü (üç nokta) kullanın.

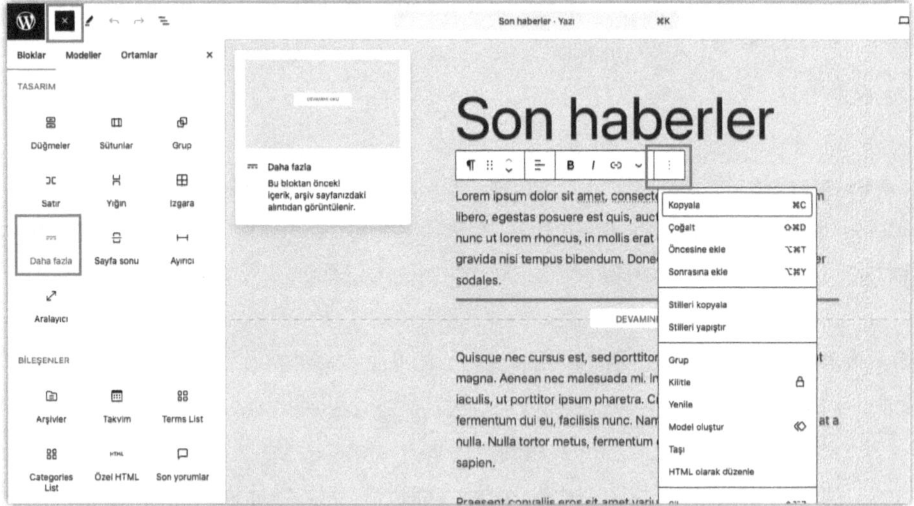

3. Sol üstteki **+** simgesine tıklayın ve **Tasarım > Daha fazla** öğesini seçin. **DEVAMINI OKU** bloğu görünür.

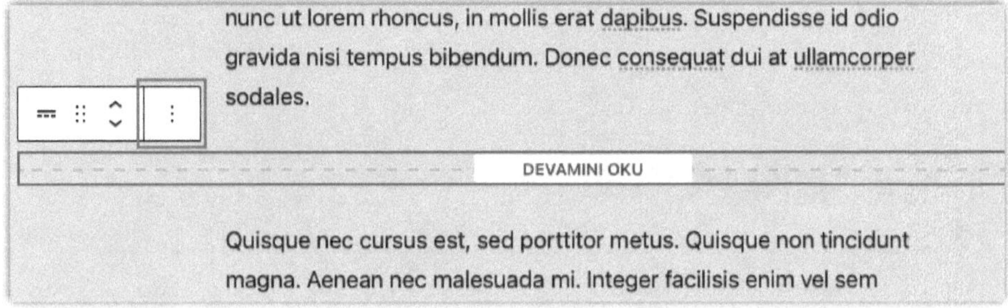

4. **Paragraf** bloğu eklemek için seçenekler menüsünü kullanın, **Ayarlar > Sonrasına ekle** öğesini seçin veya **+** simgesini seçin.

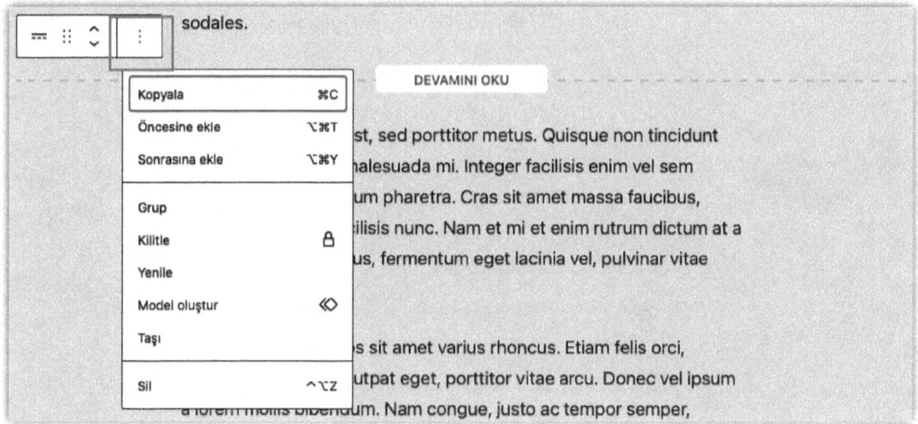

5. Ardından **Yayınla** düğmesine tıklayın.

6. WordPress simgesine (sol üstteki **W**) tıklayın ve siteyi ziyaret edin. Gördüğünüz gibi, en son yazı ana sayfanın en üstünde yer alıyor.

Post 2

Lorem ipsum dolor sit amet, consectetur adipiscing elit. Fusce diam libero, egestas posuere est quis, auctor auctor sem. In accumsan nunc ut lorem rhoncus, in mollis erat dapibus. Suspendisse id odio gravida nisi tempus bibendum. Donec consequat dui at ullamcorper sodales. Quisque nec cursus est, sed porttitor metus. Quisque non tincidunt magna. Aenean nec malesuada... Continue reading

Published February 17, 2024 Edit
Categorized as Uncategorized

Bu durumda son gönderi ilk paragrafı göstermektedir. **Devamını Oku** üzerine tıklayın.

Şimdi yazının tamamını aşağıda bir yorum formuyla birlikte göreceksiniz.

Bir gönderiyi **Yayınla** demeden önce kullanabileceğiniz başka seçenekler de vardır.

Yazı sekmesini (sağ üst) kullanarak çeşitli seçenekler görüntülenir. Bir paragraf seçerseniz, **Blok** seçenekleri görünür hale gelir. Bir sonraki sayfada tüm **Yazı** ayarlarına genel bir bakış gösterilmektedir.

Öne çıkarılmış görseli ayarla

Yazı içeriğini temsil eden bir görsel ekleyin.

Bir özet ekle...

Yazı içeriğinin kısa bir özetini sağlayın.

Durum

Durumu ve görünürlüğü seçin. *Sabit*, gönderiyi ana sayfanın veya blog sayfasının üst kısmında belirgin bir yerde görüntüler.

Yayınla

Yayın tarihini ve *sabit* seçeneğini ayarlayın.

Bağlantı

URL'nin son kısmını özelleştirin.

Yazar

Yazı yazarını seçin.

Tartışma

Yazı için yorumları ve geri izlemeleri etkinleştirin veya devre dışı bırakın.

Biçim

Bir yazı yı farklı şekilde görüntülemenizi sağlar. Bu temaya bağlıdır.

Çöpe at

Gönderiyi çöp kutusuna taşır.

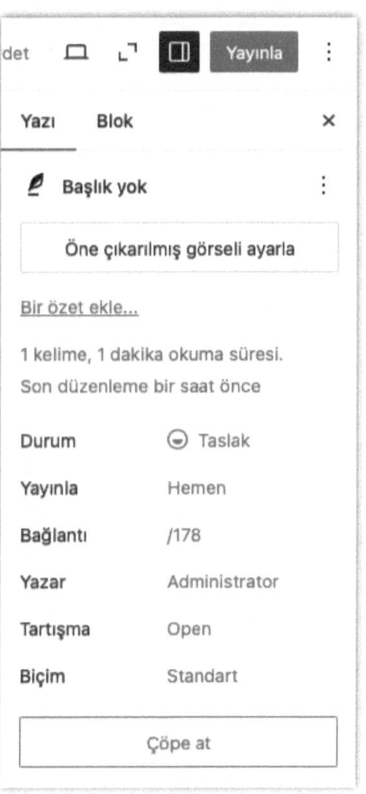

Kategoriler

☐ Blog Posts
☐ Uncategorized

Yeni kategori ekle

Etiketler

YENİ ETİKET EKLE

Virgül ya da Enter tuşuyla ayırın.

Kategoriler

Daha kolay gezinme için yazıları kategoriler halinde düzenleyin.

Etiketler

Kullanıcıların ve arama motorlarının yazı yı bulmasına yardımcı olmak için anahtar kelimeler ekleyin.

Daha gelişmiş seçenekler ve tüm yeni yazılarda için yanıt formunu devre dışı bırakmak için *Yanıt Formunu Devre Dışı Bırak* bölümüne bakın.

BLOK EDİTÖRÜ

Kasım 2018'de tanıtılan WordPress sürüm 5.0, Gutenberg adı verilen yeni bir içerik düzenleyicisine sahiptir. *Yazı Ekle* bölümünde gösterildiği gibi, bu düzenleyiciyi kullanarak bir yazıya doğrudan bir başlık ve metin ekleyebilirsiniz.

Gutenberg'de bir bloğu düzenlemek için önce değiştirmek istediğiniz bloğu, örneğin bir paragrafı seçersiniz. Bu işlem, sağ sütundaki **Blok** sekmesini etkinleştirir. Burada, blok türüne bağlı olarak değişen mevcut **Blok Ayarlarını** kullanarak bloğun özelliklerini ayarlayabilirsiniz.

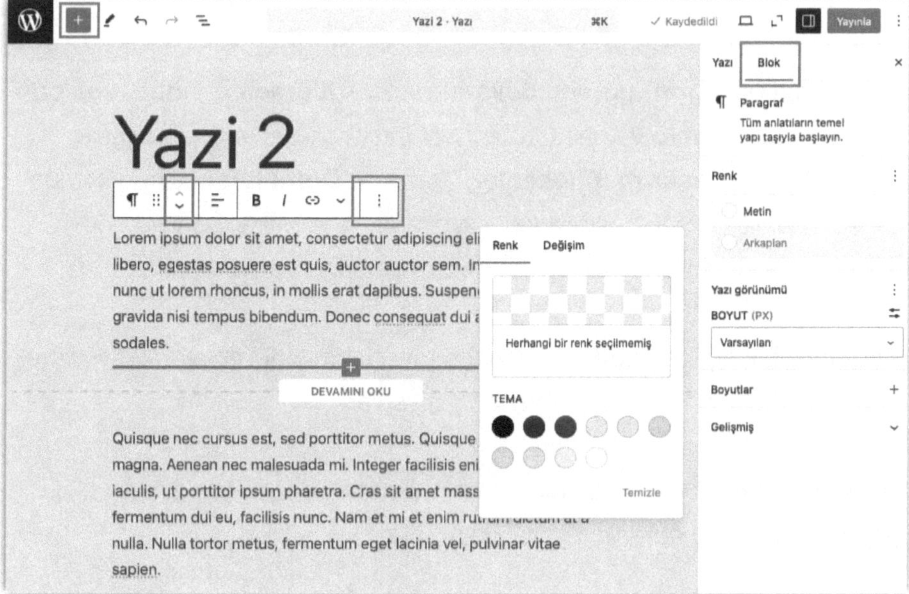

Ayrıca, **üç nokta** ile temsil edilen **Ayarlar menüsü** ne tıklayarak bir blok üzerinde silme gibi çeşitli eylemler gerçekleştirebilirsiniz. **Ok simgelerini** kullanarak blokların sırasını da ayarlayabilirsiniz.

+ simgesine tıklayarak **Bloklar**, **Modeller** ve **Ortamlar** ekleyebilirsiniz.

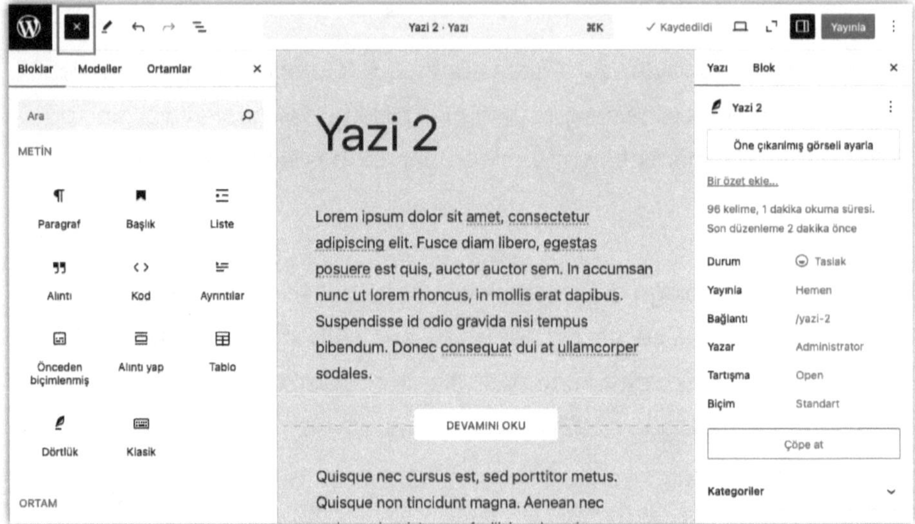

Blok öğeleri **paragraf**, **görsel**, **devamını oku**, **düğmeler**, **video**, **ses çalar**, **bileşenler**, **tablo** ve daha fazlası gibi çeşitli bileşenlerdir. Bu öğeler **Metin**, **Ortam**, **Tasarım**, **Bileşenler**, **Tema** ve **Gömülüler** altında kategorize edilir. Bloklar penceresini aşağı kaydırarak veya daha fazla seçenek eklemek için eklentileri kullanarak ek blok öğelerini keşfedebilirsiniz.

Modeller, birkaç blok öğesini önceden tanımlanmış düzenlerde birleştirerek bir sayfayı biçimlendirmek için hızlı bir yol sağlar.

Ortam seçeneği Openverse'ten ortam eklemenizi sağlar (daha fazla bilgi için openverse.org adresini ziyaret edin).

Block-based editing kullanıcılara bir sayfayı biçimlendirmede klasik düzenleyiciye kıyasla daha fazla esneklik sağlar. *Görüntü Yerleştirme* bölümünde, blok tabanlı düzenlemeyi kullanarak görüntüleri metinle nasıl hizalayacağınızı öğreneceksiniz.

Yeni sayfa ekle

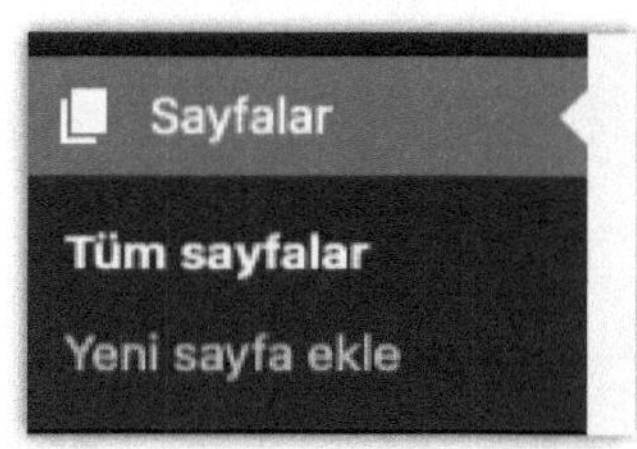

1. **Başlangıç > Sayfalar >
   Yeni sayfa ekle** bölümüne gidin.
2. Bir **başlık** girin ve sayfaya **içerik** ekleyin.

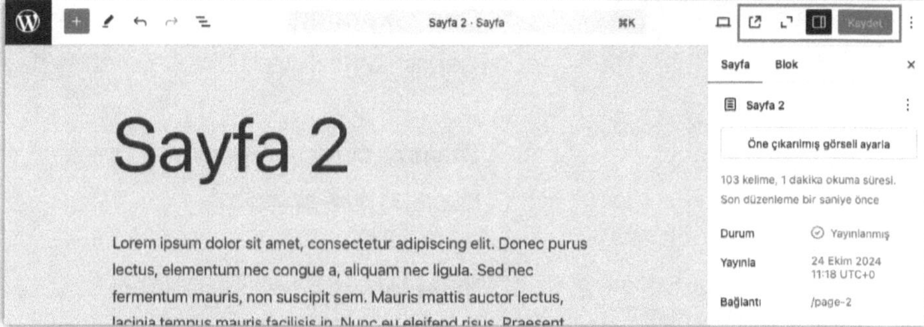

3. İşiniz bittiğinde, **Yayınla** düğmesine iki kez tıklayın. Yayınladıktan sonra,
   Sayfayı Görüntüle düğmesine tıklayarak sayfayı görüntüleyebilirsiniz.

Daha fazla düzenleme yapmanız gerekiyorsa, geri dönmek için **Sayfayı
düzenle** düğmesine tıklayabilirsiniz.

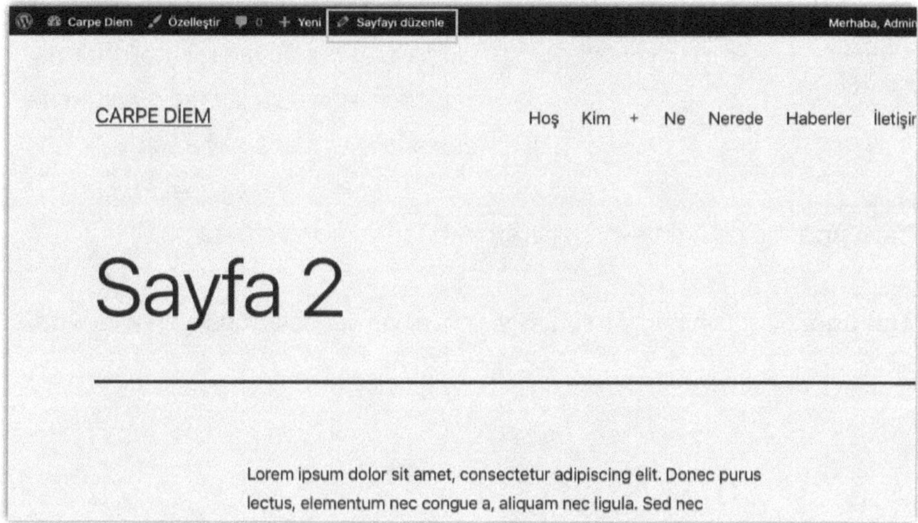

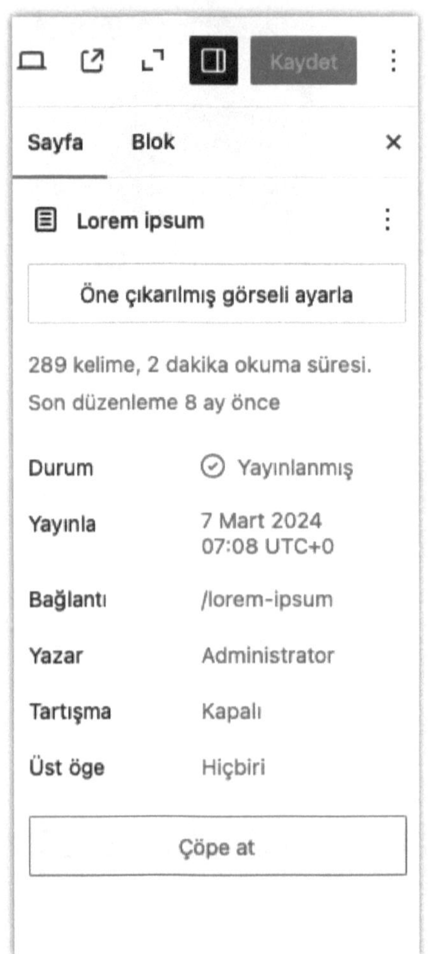

Sayfa sekmesine tıklayın. Gönderilere benzer şekilde, uygulayabileceğiniz sayfalara özgü seçenekler bulacaksınız.

Öne çıkarılmış görseli ayarla, sayfa içeriğini temsil eden bir görsel ekleyin.

Durum, burada yayınlama seçeneklerini ayarlayabilirsiniz.

Yayınla, yayın tarihini ayarlayın.

Bağlantı, başlık otomatik olarak URL'nin son kısmına dahil edilir.

Yazar, yazarı seçin.

Şablon, sahip olduğunuz temaya bağlı olarak görünür. Sayfa için belirli bir düzen seçmenize olanak tanır (örn. kenar çubukları veya ana sayfa ile).

Tartışma, bu bölümde yorumlar için ayarları yapılandırabilirsiniz.

Üst öge, Sayfanın hangi menü öğesinin altına yerleştirilmesi gerektiğini belirtin.

Bir bağlantı oluşturun

Bağlantıyı oluşturmak istediğiniz sayfayı veya gönderiyi açın. Bağlantıya dönüştürmek istediğiniz metni seçin. Üst araç çubuğundaki **bağlantı simgesine** tıklayın. Bağlantı alanına URL'yi girin ve **Enter** tuşuna tıklayın.

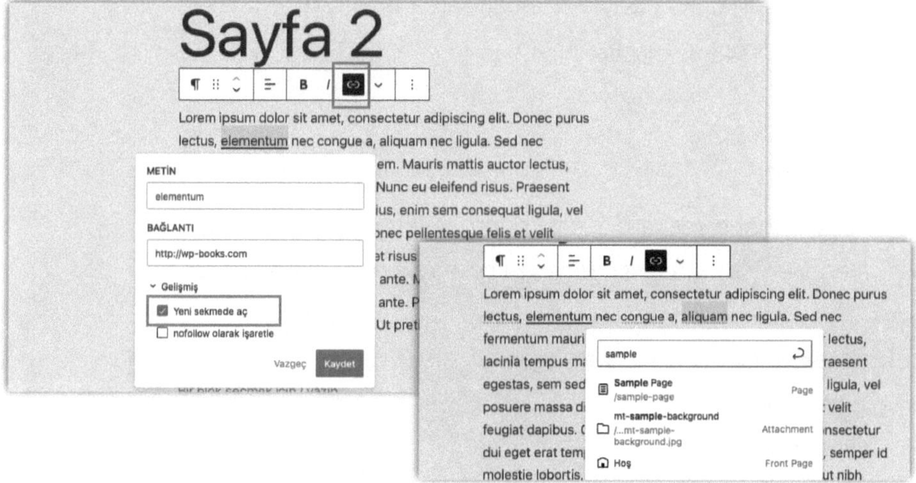

Alternatif olarak, dahili bir sayfaya veya yazıya bağlantı vermek istiyorsanız, Sayfa/Yazı başlığını yazmaya başlayın; WordPress eşleşen belgelerin bir listesini görüntüleyecektir. Listeden istediğiniz Sayfa veya Yazı'yı seçin.

Bağlantının yeni bir sekmede açılmasını istiyorsanız, **Yeni sekmede aç** seçeneğinin etkinleştirildiğinden emin olun. Bağlantıyı seçerek ve ardından seçeneği değiştirerek düzenleyebilirsiniz.

Son olarak, değişiklikleri uygulamak için sayfa veya yazı kaydedin ya da güncelleyin.

Görevlendirme

Bir WordPress sitesinin nasıl çalıştığını anlamak için önceden bazı **Sayfalar** ve **Yazılar** ayarlamak yararlı olacaktır.

Başlıklar içeren birkaç Sayfalar oluşturarak başlayın:

- Hoş geldiniz (ön sayfa).
- Kim.
- Ne.
- Nerede.
- İletişim (daha sonra bir iletişim formu ile donatılacak).
- Haberler (Gönderileri özetleyen bir sayfa olarak işlev görecek).

Ek olarak, başlıklarla Yazılar oluşturun:

- Son haberler.
- Hava durumu.

Bir sonraki bölüm olan *Ana Sayfayı Özelleştir* bölümünde Ana Sayfanın nasıl değiştirileceğini göstereceğim.

Benzer şekilde, *Yazılar sayfasını özelleştir* bölümünde, Haberler başlıklı belirlenmiş bir sayfa içinde Yazıların nasıl sergileneceğini göstereceğim.

Son olarak, *Menü* bölümünde, bir menü kullanarak sitenizde gezinme konusunda size rehberlik edeceğim.

Ana sayfayı özelleştirme

Varsayılan bir WordPress kurulumundan sonra, Ana Sayfa en son Yazılarınıza genel bir bakış görüntüler.

Yazılar yerine belirli bir Sayfa ile başlamayı tercih ederseniz, bunu şu adrese giderek özelleştire-bilirsiniz: **Başlangıç > Ayarlar > Okuma**.

Ana sayfa görüntüleriniz altında, **Son yazılarınız** yerine **Sabit bir sayfa** seçeneğini tercih edin.

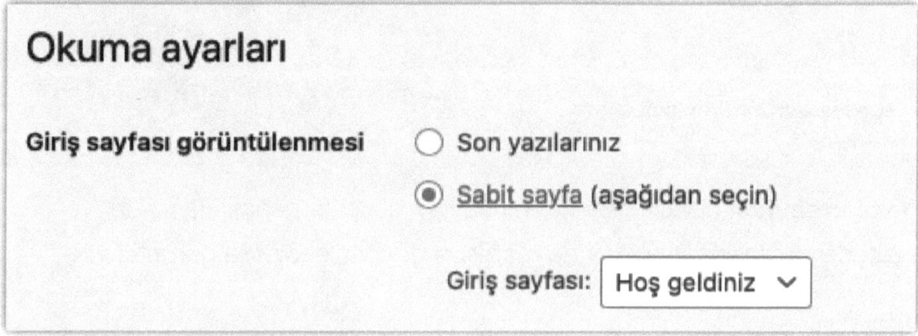

Örneğin, bir **Sabit sayfa** seçin.

Giriş sayfası olarak **Hoş Geldiniz**'i seçin.

Değişiklikleri Kaydet'e tıklayın ve ardından güncellemeleri görmek için siteyi görüntüleyin.

Yazılar sayfası

Ana sayfanız olarak değil de en son **yazılarınızı** kullanmak isterseniz, bunu Yazılar sayfası seçeneğini yapılandırarak gerçekleştirebilirsiniz.

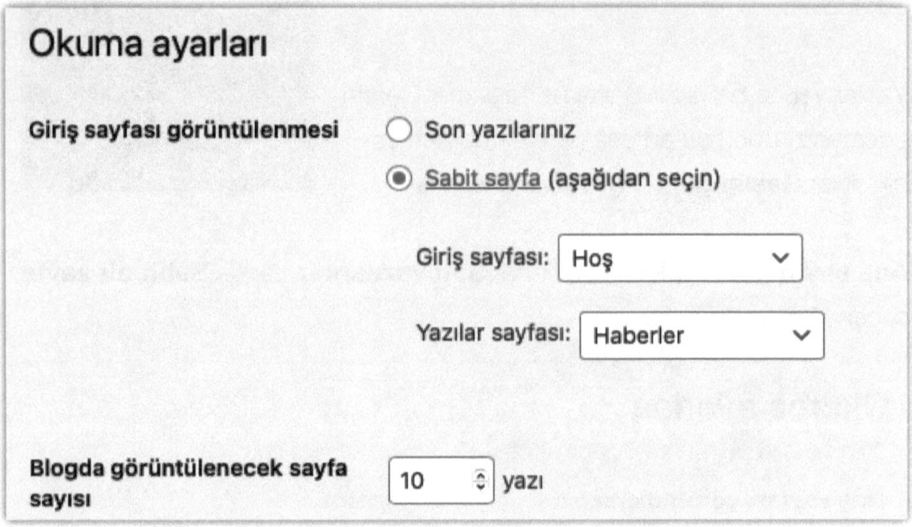

Okuma ayarları

Giriş sayfası görüntülenmesi　　○ Son yazılarınız

　　　　　　　　　　　　　　　　　　●　Sabit sayfa (aşağıdan seçin)

　　　　　　　　　　　　Giriş sayfası: | Hoş　　　　　⌄ |

　　　　　　　　　　　Yazılar sayfası: | Haberler　　⌄ |

Blogda görüntülenecek sayfa sayısı　　| 10　⇕ | yazı

Yazılar sayfası altında, mevcut bir sayfayı seçin (örneğin, Haberler). Haberler sayfasına erişildiğinde, tüm son gönderiler sırayla görüntülenir.

Blogda görüntülenecek sayfa sayısı seçeneğini kullanarak sayfada görüntülenen 'yazı' sayısını belirleyebilirsiniz. Ek gönderiler arşivlenir ve kullanıcılar bir **Arşiv widget**'ı kullanarak bunlara erişebilir.

Seçimlerinizi yaptıktan sonra **Değişiklikleri kaydet**'e tıklayın ve ardından güncellemeleri görmek için siteyi görüntüleyin.

Bunu uygulamadan önce, *Haberler* veya *Blog* gibi uygun bir başlığa sahip bir sayfa oluşturmanız önerilir. Bu sayfa herhangi bir metin gerektirmez. Ayrıca, *Menü* bölümünde açıklandığı gibi Haberler sayfasının menü yapısına dahil edildiğinden emin olun.

Bu yazıyı sabitle

Yapışkanlı bir gönderi, bir Yazı sayfasının en üstünde kalmasını sağlar. Temanız bu özelliği destekliyorsa, sabitlenen yazı ana sayfada da belirgin bir şekilde görüntülenebilir (ayrıntılar için *TEMAYI ÖZELLEŞTİRME* bölümüne bakın).

1. **Başlangıç > Yazılar**'a gidin. Farenizi istediğiniz yazının üzerine getirin, örneğin **Hello world!** Ek seçenekler görünecektir.

> **Hello world! — Sabit**
>
> Düzenle | Hızlı düzenle | Çöp | Görüntüle

2. **Hızlı Düzenle** üzerine tıklayın.
   Bu, sayfa seçeneklerini ortaya çıkaracaktır.

3. **Hızlı Düzenle** menüsünde, tam tip duzenleyicisini açmadan belirli tip özelliklerini ayarlama seçeneğiniz vardır.

4. **Bu yazıyı sabitle** seçeneğini seçin.

5. **Güncelle**'ye tıklayın ve ardından değişiklikleri görmek için siteyi görüntüleyin.

Yorumlara izin ver'i kapatın

Bilgilendirici bir site için, okuyucuların **yazılar** hakkında yorum yapmasını istemeyebilirsiniz. Bu gibi durumlarda yorum formunu devre dışı bırakabilirsiniz.

1. **Başlangıç > Yazılar** bölümüne gidin. Farenizi istediğiniz gönderinin üzerine getirin (örneğin, Hello world!). Ek seçenekler görünecektir.

> ☐ **Hello world! — Sabit**
>
> Düzenle | Hızlı düzenle | Çöp | Görüntüle

2. **Hızlı Düzenle** üzerine tıklayın. Çeşitli seçenekler göreceksiniz.

3. **Yorumlara İzin ver** seçeneğini devre dışı bırakın. Bu, yorum formunu yazıdan kaldırır. Değişiklikleri kaydetmek için **Güncelle**'ye tıklayın.

Tüm yeni yazılar için yorumları devre dışı bırakmak istiyorsanız:
Başlangıç > Ayarlar > Tartışma bölümüne gidin.

> ### Tartışma ayarları
>
> **Varsayılan yazı ayarları**
> - ☐ Yazıda bağlantı verilen blogların bilgilendirilmesi denensin
> - ☐ Diğer bloglardan bağlantı bildirimi (geri bağlantılar ve geri izlemeler) alınabilsin
> - ☐ İnsanlar yeni yazılara yorum yapabilsin
>
> Bireysel yazılar bu ayarları değiştirebilir. Buradaki değişiklikler yalnızca yeni yazılara uygulanır.

Varsayılan yazı ayarları altında, yorumlarla ilgili tüm seçeneklerin işaretini kaldırın. Değişiklikleri kaydedin. Bu, spam'i önlemeye yardımcı olur.

Sayfaları parola ile koruma

Sitenizin büyük bir kısmı herkese açık olsa da, belirli bölümlere erişimi kısıtlamak isteyebilirsiniz. Sayfalar veya yazılar parola korumalı olabilir.

Başlangıç > Sayfalar bölümüne gidin.

Korumak istediğiniz sayfanın başlığının üzerine gelin ve **Hızlı Düzenle** ye tıklayın.

Sayfayı korumak için parola alanına bir **Parola** girin.

Alternatif olarak, sayfayı **Özel** olarak ayarlayabilir ve yalnızca kayıtlı kullanıcıların oturum açtıktan sonra görüntülemesine izin verebilirsiniz (bkz. *Kullanıcılar* bölümü). Bu durumda bir parola gerekli değildir.

Değişiklikleri kaydetmek için **Güncelle** düğmesine tıklayın.

ORTAM KITAPLIĞI

Ortam kitaplığına WordPress Dashboard Medya bölümünden erişebilirsiniz. Buradan medya dosyalarınızı yükleyebilir ve düzenleyebilirsiniz. Yüklendikten sonra, medya dosyalarını temanıza, Yazılar, Sayfalar veya Widget alanlarına gerektiği gibi kolayca ekleyebilirsiniz.

Kitaplığa bir dosya ekleyeceğiz:

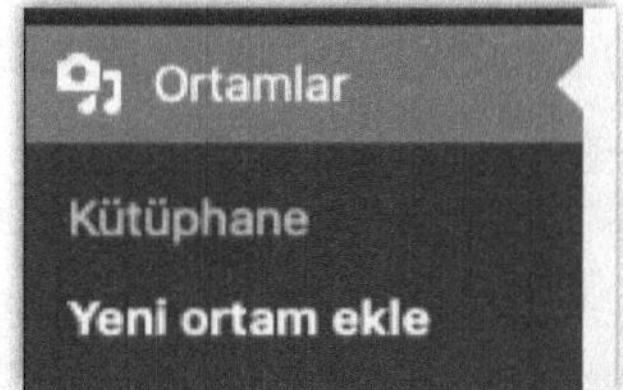

1. **Başlangıç > Ortamlar > Yeni ortam yükle** bölümüne gidin.

2. Bir dosyayı bu pencereye sürükleyip bırakın veya **Dosya seçin**'e tıklayın.

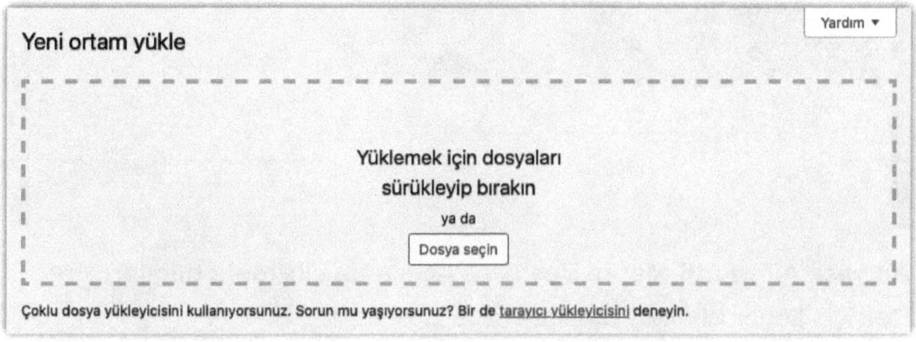

3. Dosya yüklendikten sonra size ek bilgiler gösterilecektir.

4. Medya dosyalarınızı yönetmek için **Başlangıç > Ortamlar > Kütüphane**'ye gidin. Bu pencereden tüm medya dosyalarını görüntüleyebilir ve düzenleyebilirsiniz.

5. Bir resme tıkladığınızda beş seçenek göreceksiniz:

   Ortam dosyasını görüntüle | Diğer bilgileri düzenle | Dosyayı indir | Kalıcı olarak sil.

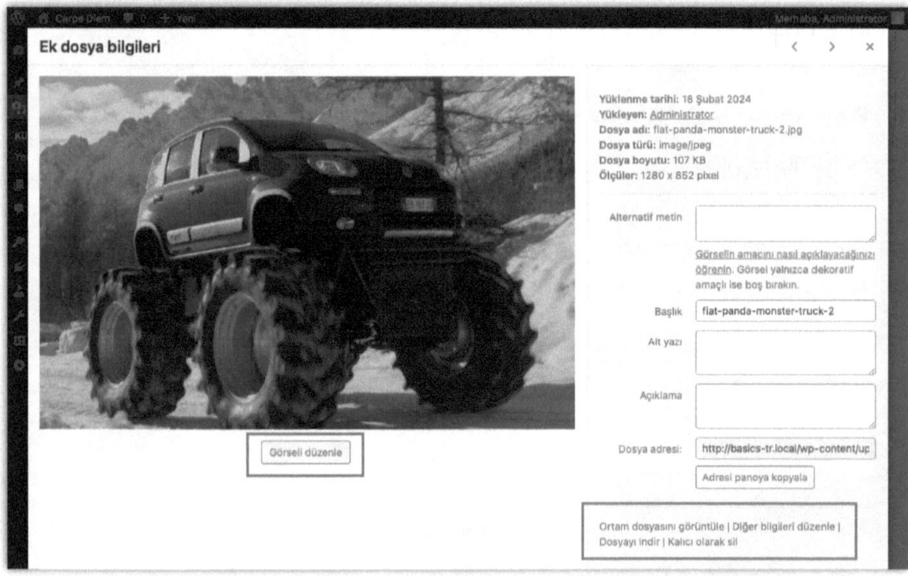

Alt yazı, Alternatif Metin, Başlık ve **Açıklama** gibi **meta bilgileri** eklemek için **Diğer bilgileri düzenle** seçeneğine tıklayın.

Ardından **Güncelle** düğmesine tıklayın.

Görseli düzenle

Bir görüntüyü düzenlemek için üzerine tıklayın ve ardından **Görseli düzenle**
düğmesine tıklayın.

Düzenleme seçenekleri **Kırp**, **Ölçeklendir** ve **Görsel döndürme** içerir.

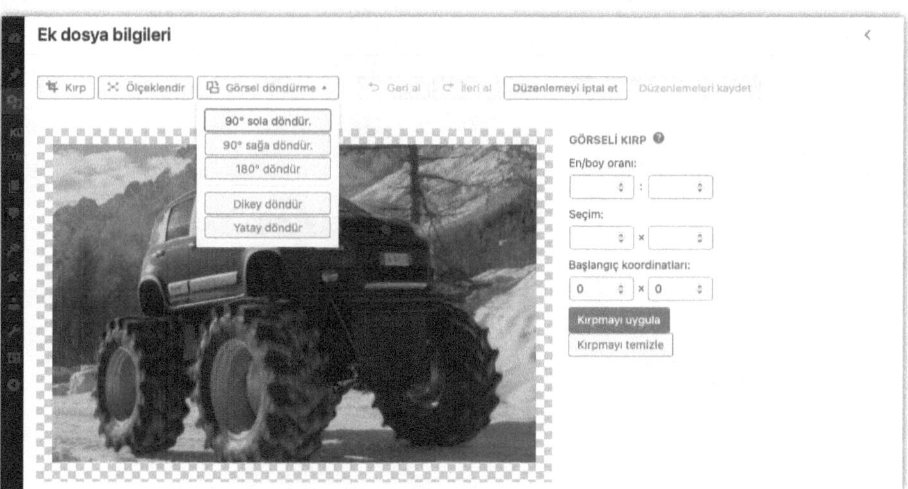

Sağ sütunda orijinal boyutu da ayarlayabilirsiniz. Değişiklikleri yaptıktan son-
ra **Uygula** düğmesine tıklayın.

Resim yerleştirin

Görselleri bir Yazıya veya Sayfaya yerleştirebilirsiniz. Blok düzenleyiciden önce **+** simgesine tıklayın ve ardından **Görsel**'i seçin.

Bir açılır pencerede toplam genel bakışı göreceksiniz.

1. Bir görsel seçin ve **Seç** düğmesine tıklayın

2. **Hizala** simgesine tıklayın. Bu durumda, **Sola yasla** öğesini seçin.

3. Ardından **+** simgesine tekrar tıklayın ve bir **Paragraf** seçin.

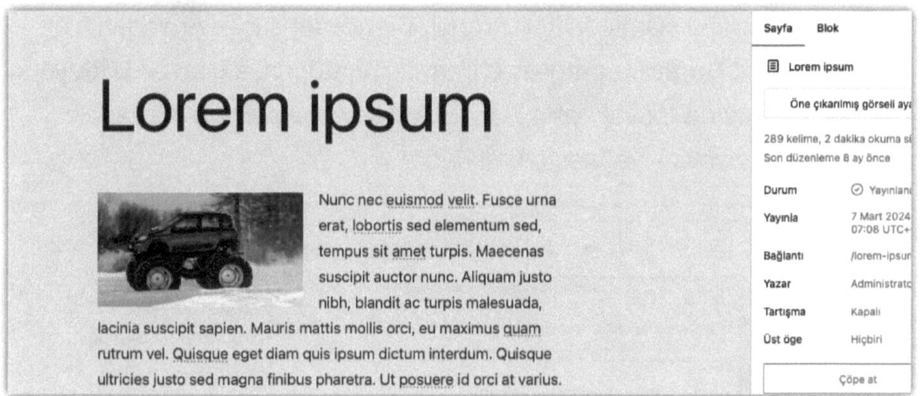

Paragraf bloğuna metin yerleştirin. Görüntü artık metne göre sola hizalanmıştır. Etkiyi görmek için görüntüyü küçültün.

Bir resmi, resmin üzerine tıklayarak düzenleyebilirsiniz. Sağ sütunda bir dizi ayar göreceksiniz. **Ayarlar**'a (3 nokta, araç çubuğu) tıklarsanız bir görseli *kopyalaya* bilir, *çoğalta* bilir veya *sile* bilirsiniz.

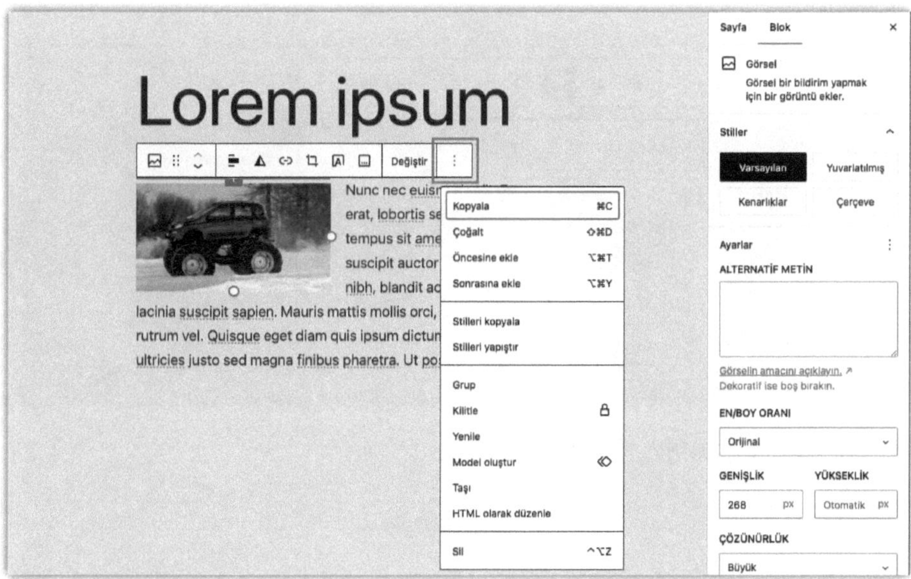

Görsel Bağlantı

Bir **görsel** bağlantı olarak da kullanılabilir. Bir **görsel** seçin. Ardından blok düzenleyicideki **Bağlantı** simgesine tıklayın. Gördüğünüz gibi, bir **URL**'ye, **Görsel dosyasına** (büyük resim) veya **Ek dosya sayfasına** (sayfadaki büyük görsel) bağlantı vermek mümkündür.

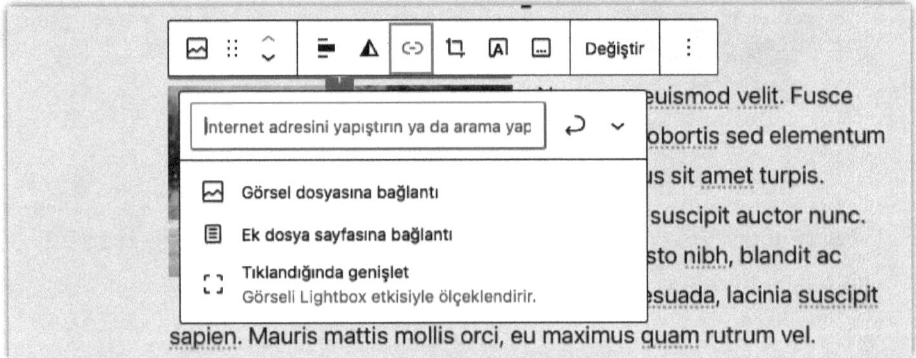

Bağlantı alanına bir URL yazın veya yapıştırın. **Bağlantı > Yeni Sekmede Aç** düğmesi bağlantıyı yeni bir pencerede açar. Ardından **Uygula** düğmesine tıklayın.

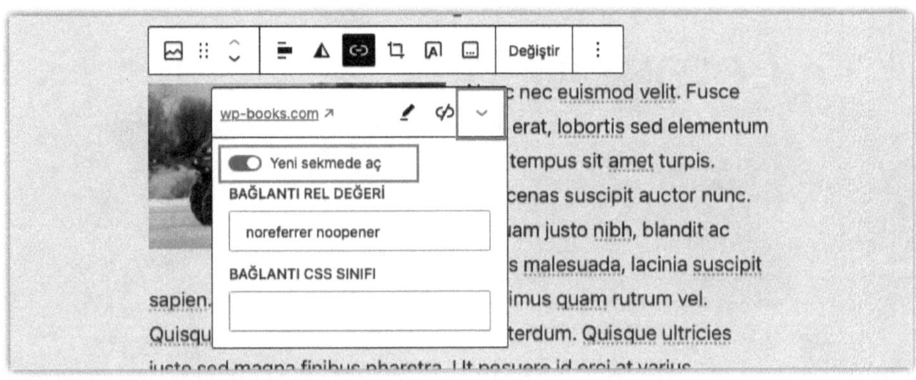

Bundan sonra, sayfayı **Kaydet** unutmayın.

Ortam ayarları

Başlangıç > Ayarlar > Ortamlar bölümüne gidin.

Değerler, ortam kitaplığı görüntü eklemek için kullanılan piksel cinsinden maksimum boyutları gösterir.

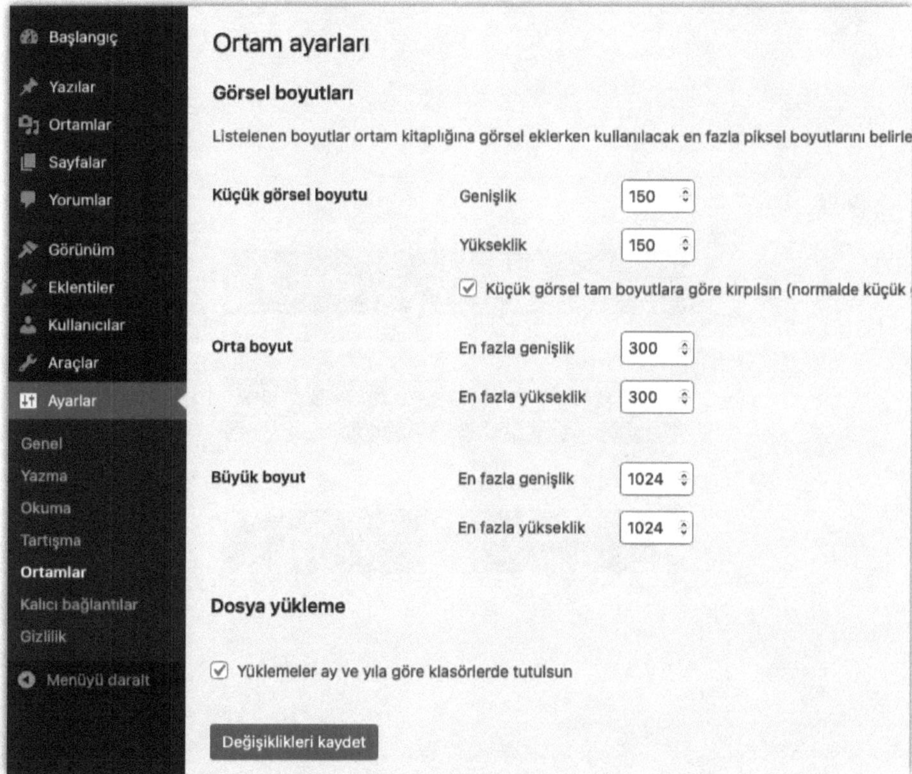

Eğer bundan sapmak istiyorsanız, değiştirebilirsiniz.

Ardından **Değişiklikleri Kaydet** düğmesine tıklamayı unutmayın.

MENÜLER

Twenty Twenty-One temasında, bazı temaların aksine Sayfalar otomatik olarak bir Menüye dahil edilmez. Bir menüye sahip olmak ve sırasını kendiniz kontrol etmek istiyorsanız, bir menü oluşturmanız gerekir. Şu adımları izleyin:

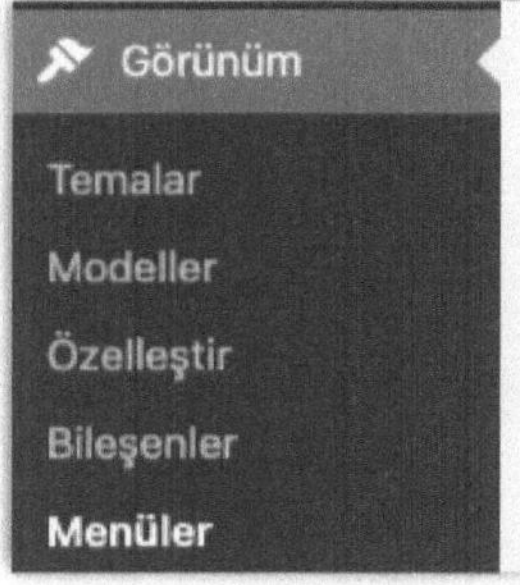

1. **Başlangıç > Görünüm > Menüler** bölümüne gidin.

2. **Menü Adı** alanında, menünüze *Main Menu* gibi bir ad verin ve ardından **Menü kaydet** düğmesine tıklayın.

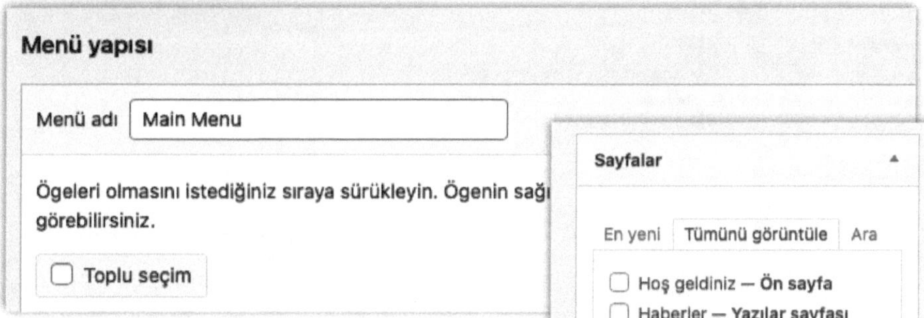

Menü yapısı

Menü adı | Main Menu

Ögeleri olmasını istediğiniz sıraya sürükleyin. Ögenin sağı görebilirsiniz.

☐ Toplu seçim

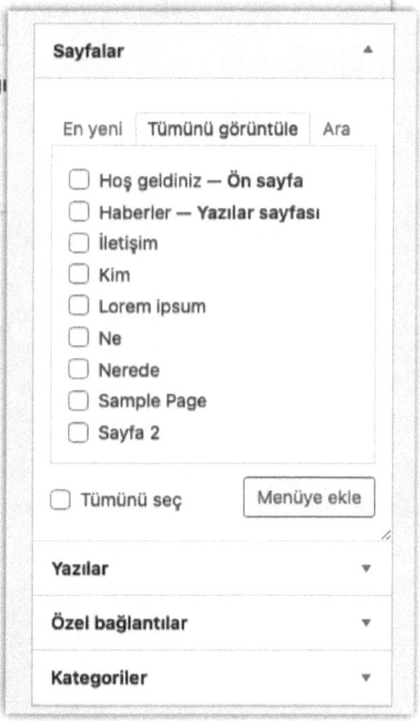

Sayfalar ▲

En yeni | Tümünü görüntüle | Ara

☐ Hoş geldiniz — Ön sayfa
☐ Haberler — Yazılar sayfası
☐ İletişim
☐ Kim
☐ Lorem ipsum
☐ Ne
☐ Nerede
☐ Sample Page
☐ Sayfa 2

☐ Tümünü seç | Menüye ekle

Yazılar ▼

Özel bağlantılar ▼

Kategoriler ▼

3. Sayfalar menüye otomatik olarak eklenmez. Mevcut tüm sayfaları görmek ve menüye eklemek için **Tümünü Görüntüle** sekmesine tıklayın. **Hoş geldiniz**'i (Ön sayfa), diğer Sayfalarınızı (Haberler hariç) seçin ve ardından **Menüye ekle**'ye tıklayın.

4. Ayrıca *Yazılar, Özel Bağlantılar* ve *Kategoriler* de menüye dahil edilebilir.

5. Sıralamayı ayarlayın. Onları dikey olarak sürükleyin. Alt menüler oluşturun, bir menü öğesini sağa sürükleyin (örneğin, **Kim > Sample Page**).

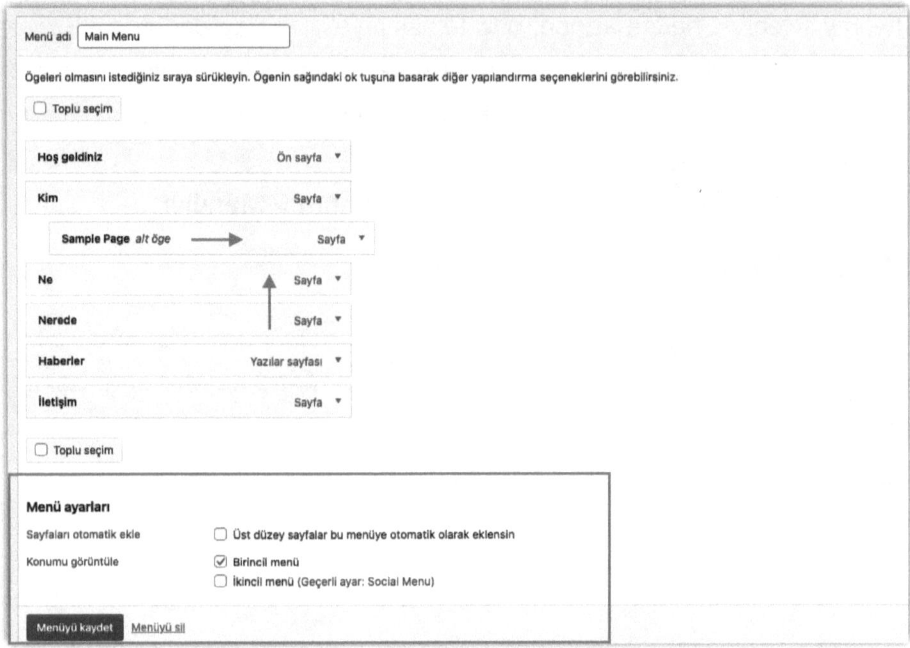

6. Web sitesinde menüyü görüntülemek için **Menü Ayarları**'nda **Birincil Menü**'yü etkinleştirin. Farklı temalarda menüler için her biri kendi konumu ve stiline sahip çeşitli konumlar olabilir.

7. Menüyü özelleştirdikten sonra **Menüyü Kaydet**'e tıklayın ve sitenizi önizleyin.

Menüdeki yazılar

Ana *Sayfayı Özelleştir* bölümünde, tüm Yazılar'ın Haber Sayfa'sına bağlanacağından bahsedilmektedir. Haberler sayfasını menüye eklemek için aşağıdaki adımları izleyin:

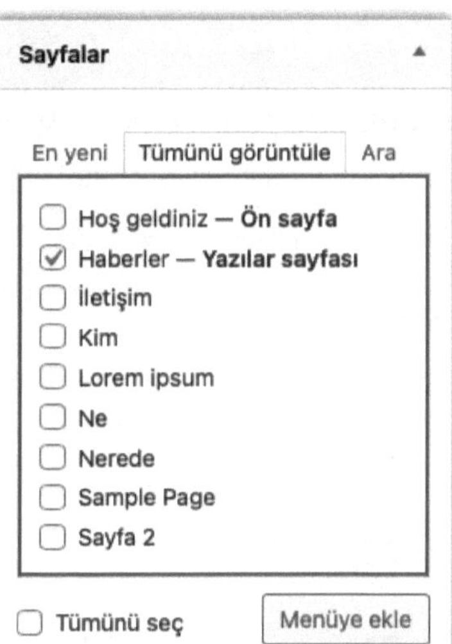

1. **Haberler** sayfasını menüye ekleyin.

2. Menü öğesini istediğiniz konuma sürükleyin, örneğin **kişi** den önce.

3. **Menüyü Kaydet**'e tıklayın ve siteyi görüntüleyin.

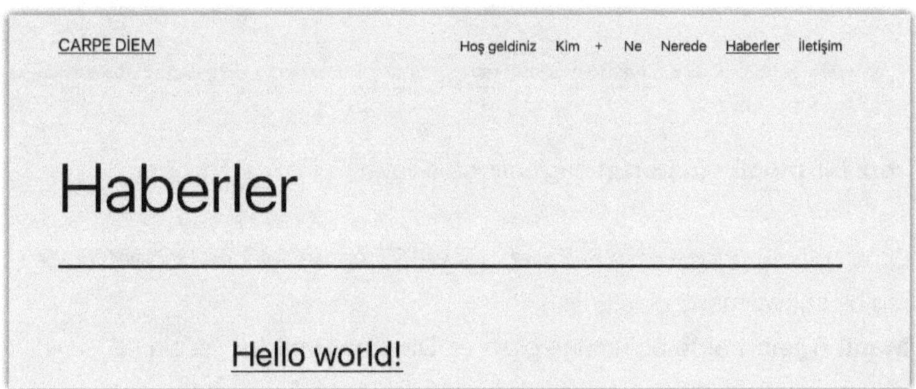

Sosyal bağlantılar menüsü

Menü ayarları > Konumu görüntüle altında birkaç konum adı bulacaksınız. Konumların sayısı ve adları temaya göre değişebilir, temanın kendisi tarafından belirlenir (bu durumda, Twenty Twenty-One).

Menü ayarları

Sayfaları otomatik ekle ☐ Üst düzey sayfalar bu menüye otomatik olarak eklensin

Konumu görüntüle   ☑ Birincil menü
                ☐ İkincil menü (Geçerli ayar: Social Menu)

Menüyü kaydet   Menüyü sil

Bir menü üstbilgi, altbilgi, sol sütun vb. gibi farklı alanlara dahil edilebilir.

Sosyal Menü adında bir konum görürseniz, bu özellikle sosyal medya sayfalarına bağlantılar içeren bir menü için tasarlanmıştır. Bir Sosyal Menüde, sosyal medya simgeleri otomatik olarak oluşturulur. Twenty Twenty-One temasında, genellikle altbilgide görüntülenen **İkincil menü** konumunu kullanabilirsiniz.

Sosyal menü oluşturma

Yeni bir menü oluşturun ve adını **Sosyal Menü** koyun.

Menüleri düzenle   **Konumları yönet**

Düzenlenecek bir menü seçin: Main Menu (Birincil menü) ⌄ | Seç | ya da yeni bir menü oluşturun. Değişiklikleri ka

---

Yeni bir menü oluşturun bağlantısına tıklayın.

Örnek olarak, WordPress'in *Facebook* ve *Twitter* sayfalarına bağlantılar içeren bir sosyal menü oluşturalım.

Menü öğeleri ekle bölümüne gidin ve **Özel bağlantılar**'ı seçin.

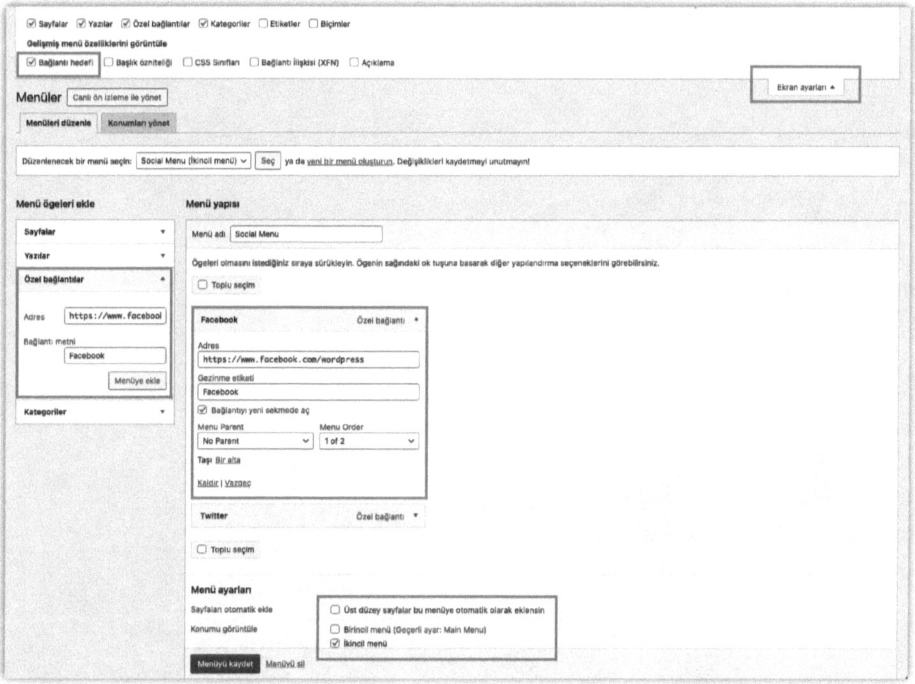

URL : *https://www.facebook.com/wordpress*. **Etiketi** : **Facebook**.

Ardından Menüye Ekle düğmesine tıklayın.

Aynı işlemi Twitter için de yapın.

URL - *https://www.twitter.com/wordpress*. **Etiketi** - **Twitter**.

Ekran Ayarlar inda (ekranın sağ üst köşesi) kullanarak *Bağlantı Hedefini*
Bağlantıyı yeni sekmede aç olarak ayarlayabilirsiniz.

Menü ayarları, *Konumu görüntüleme* altında **İkincil menü** yü seçin. Son
olarak, **Menüyü Kaydet** düğmesine tıklayın ve siteyi (altbilgi) görüntüleyin.

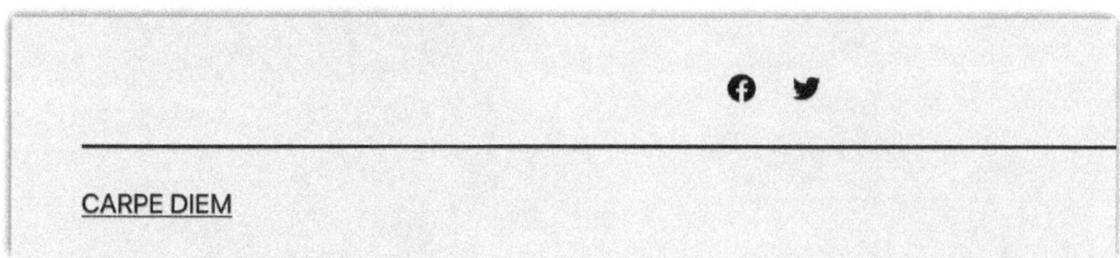

KATEGORİLER

WordPress'te, ziyaretçilerin bulmasını kolaylaştırmak için **Yazınızı kategorilere** ayırabilirsiniz.

Kategoriler menülerde görüntülenebilir veya kenar çubuklarında kullanılabilir.

1. **Başlangıç > Yazılar > Kategoriler** bölümüne gidin.

2. **Uncategorized** kısmına gidin ve **Hızlı Düzenle**'ye tıklayın..

3. Adı **Blog Posts** olarak değiştirin ve **Kategoriyi Güncelle**'ye tıklayın.

Ayrıca *Uncategorized* kategorisini tutabilir ve gerektiğinde yenilerini oluşturabilirsiniz. Bu, henüz kategorize edilmemiş gönderileri düzenlemek için yararlı olabilir.

Yeni kategori ekle altında yeni kategorinin adını girin.

Kategoriler

Yeni kategori ekle

Ad

Adın sitenizde nasıl görüntüleneceği.

Kısaltma

"Kısaltma" yazı adının İnternet adresine eklenecek sürümüdür. Genellikle küçük harflerden oluşur, yalnızca harf, rakam ve tire karakterlerini içerir.

Üst kategori

Hiçbiri

Etiketlerin tersine kategoriler hiyerarşik bir yapıda olabilir. Jazz adında bir kategoriniz ve bu kategoriye bağlı Bebop ve Big Band adında alt kategorileriniz olabilir. Tümüyle isteğinize bağlı.

Açıklama

Tanım bölümü varsayılan olarak ön planda değildir, yine de bazı temalar bu bölümü görüntüleyebilir.

Yeni kategori ekle

Ekrar

Toplu işlemler ∨   Uygula

	Ad ⇕	Açıklama ⇕	Kısaltma
☐	**Blog Posts**	—	blog-pos
☐	Uncategorized	—	uncatego

	Ad ⇕	Açıklama ⇕	Kısaltma

Toplu işlemler ∨   Uygula

Bir kategoriyi silmek o kategorideki iletileri silmez. Bunun yerine, yalnızca silinen ka varsayılan **Blog Posts** kategorisine atanır. Varsayılan kategori silinemez.

Kategoriler isteğe bağlı kategoriden etikete dönüştürme ile dönüştürülebilir.

Bir **Üst kategori** belirleyerek hiyerarşik bir yapı oluşturabilirsiniz. Bitirdiğinizde **Yeni Kategori** Ekle düğmesine tıklayın.

Örneğin, *spor* hakkında blog yazıyorsanız, spor *futbol*, *basketbol* ve *voleybol* gibi alt kategorileri olan bir Ana kategori olabilir.

Kategorileri oluşturduktan sonra bunları yazılarınıza atayabilirsiniz.

Başlangıç > Yazılar > Tüm yazılar bölümüne gidin. Bir yazı seçin.

Kategoriyi gerektiği gibi değiştirin.

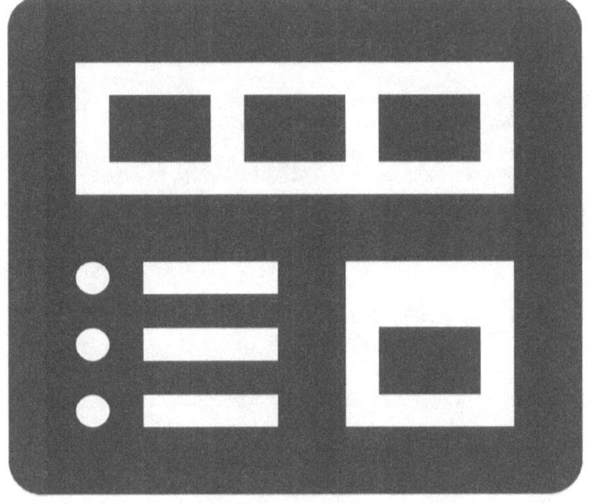

BILEŞENLER

Bileşenler (widgets), bir web sitesinin görsel ve etkileşimli özelliklerini geliştiren öğelerdir. Bu bileşenler **Arama Alanı**, **Son Yorumlar**, **Arşiv**, **Son yazılar**, **Kategoriler** gibi unsurları içerir.

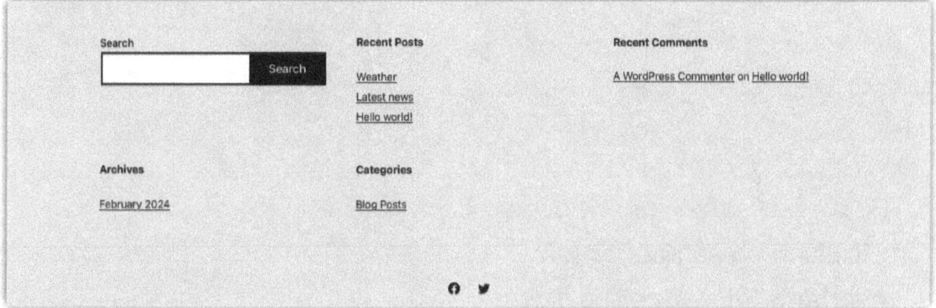

Bileşenler genellikle bir temanın **dip** veya **Kenar çubuğunda** bulunur.

Bileşen ekle

1. **Başlangıç > Görünüm > Bileşenler** bölümüne gidin.

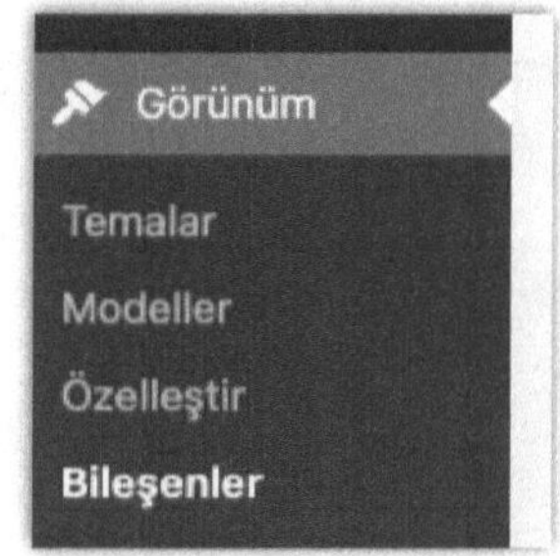

2. Aşağı kaydırın ve **+** simgesine tıklayın. Bir **Takvim** bloğu seçin.

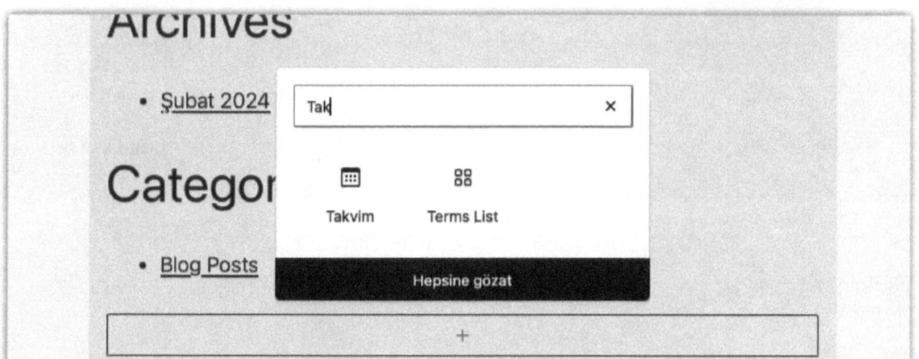

3. Bloğu istediğiniz konuma, örneğin en üste **sürükleyin**.

4. **Kaydet**'e tıklayın.

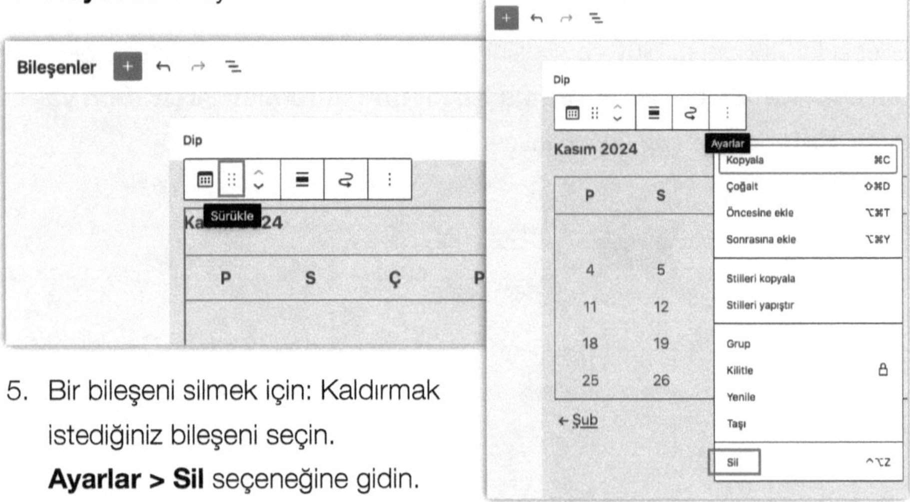

5. Bir bileşeni silmek için: Kaldırmak istediğiniz bileşeni seçin.

   Ayarlar > Sil seçeneğine gidin.

6. Siteyi görüntüle.

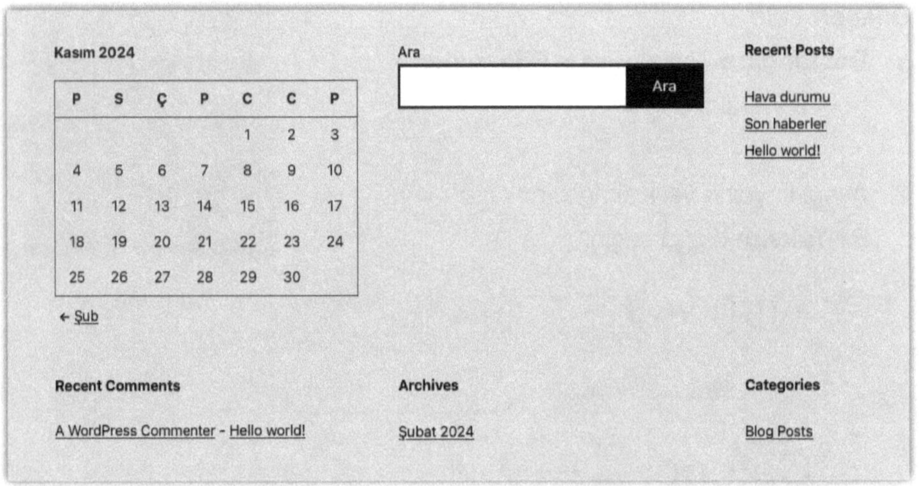

Bileşenlerin kullandığınız temaya bağlı olarak değişebileceğini unutmayın. Farklı bir temaya geçerseniz, bileşenlerinizi yeniden eklemeniz gerekebilir.

Kenar çubuğunda veya dip bilgide içerik

Bir kenar çubuğuna daha fazla içerik eklemek isterseniz, ekranın sol üst köşesinde bulunan **+** simgesine tıklamanız yeterlidir. Bu pencerede bulunan tüm bloklar bir kenar çubuğuna ya da altbilgiye eklenebilir.

Kenar çubuğuna veya altbilgiye içerik eklemek için aşağıdaki adımları izleyin:

1. **Başlangıç > Görünüm > Widgets** bölümüne gidin.
2. **+** simgesine tıklayın.
3. Bir **Başlık** bloğu seçin ve buna metin ekleyin.
4. Bir **görsel** blok seçin ve **Ortam Kitaplığı**'ndan bir görsel seçin.
5. Her iki bloğa da tıklayın, ardından **Grup simgesine** (seçenekler çubuğunun sol tarafında bulunur) basın ve **Grup**'u seçin.

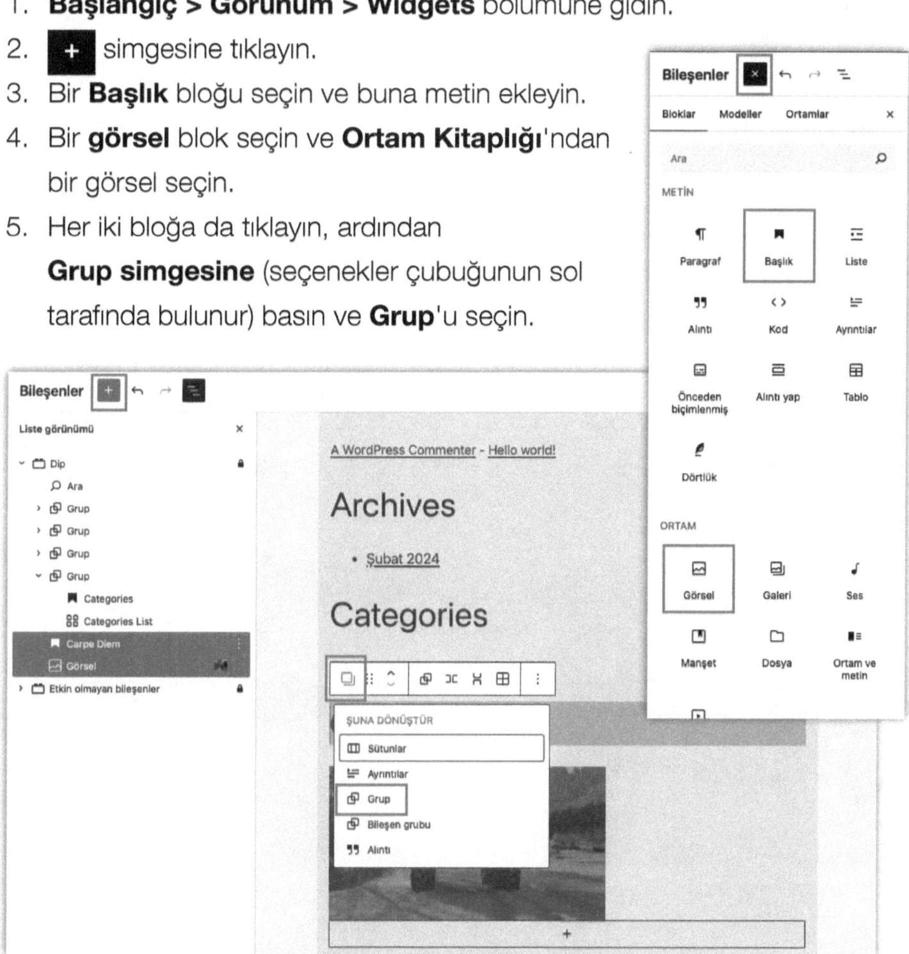

6. Gerekirse sıralamayı yeniden düzenleyin.

7. Değişikliklerinizi kaydedin.

8. Siteyi görüntüleyin.

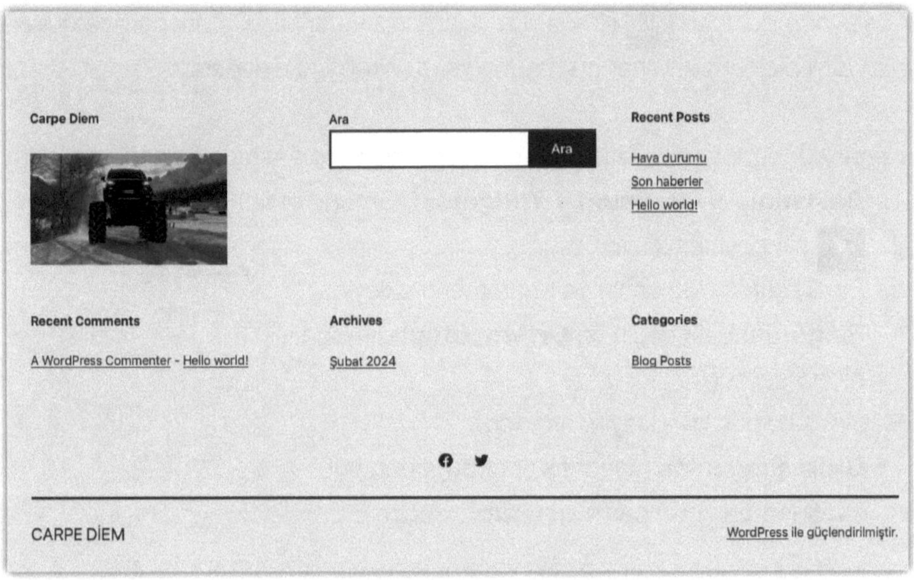

Her iki bloğu birlikte grupladığınızda, altbilgide tek bir blok (dikey olarak yığılmış) olarak görünürler. Ayrı bloklar yan yana görüntülenir.

123

PRATIK BLOKLAR

WordPress 5.0 sürümünden itibaren, diğer şeylerin yanı sıra sütunlar, tablolar veya düğmeler yerleştirmek için artık eklentiler yüklemek gerekmiyor. Yeni blok editörü ile kullanıcılar çeşitli öğeleri doğrudan kullanabilir. Bu bölümde, bazı pratik blokları keşfedeceğiz.

Sütunlar

Bir **Sayfaya** gidin ve sol üstteki **+** simgesine tıklayın.
TASARIM > Sütunlar'ı seçin.

Bir yerleşim seçin: En fazla 2 veya 3 sütun kullanılması önerilir.
Mobil görünümde sütunlar birbirinin altında görüntülenir.

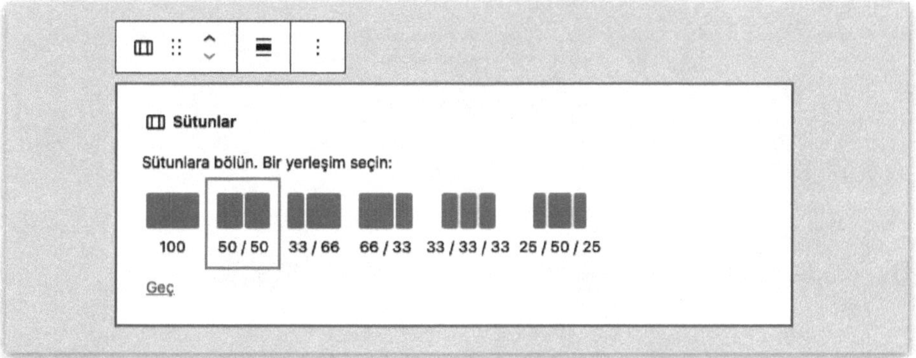

Sütunlar yerleştirilir. Her sütunun içine **Paragraf** gibi içerik blokları eklemek için **+** simgesini kullanın.

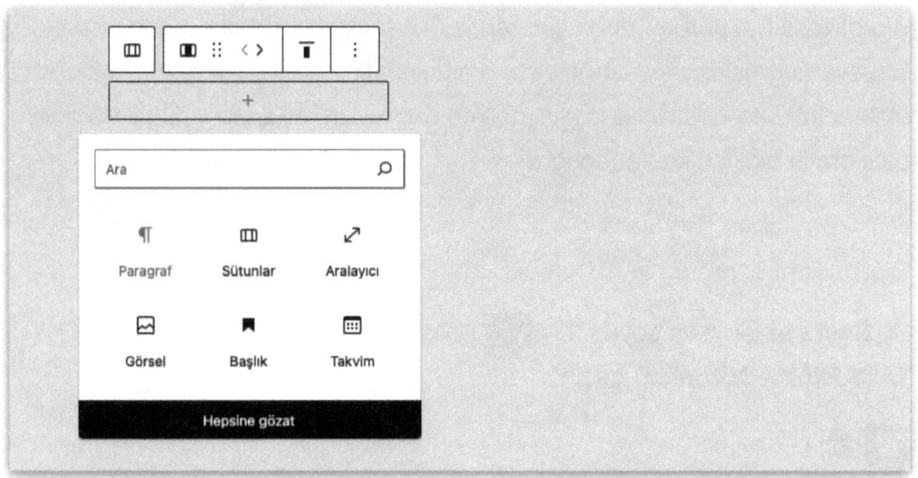

Bir sütundaki iç içe geçmiş blok öğeleri arasında gezinmek için **Belgeye özeti > Liste Görünümü**'nü kullanın. Bu, pencerenin sol üst köşesinde bulunabilir.

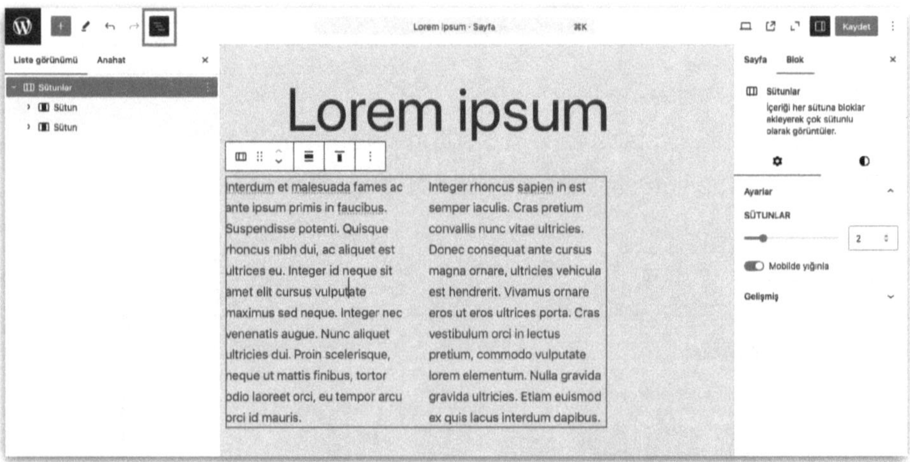

Bu listeden bir blok seçerek, bir öğeyi kolayca değiştirebilirsiniz (sağda).

Tablo

simgesine tıklayın ve **METİN > Tablo** öğesini seçin.

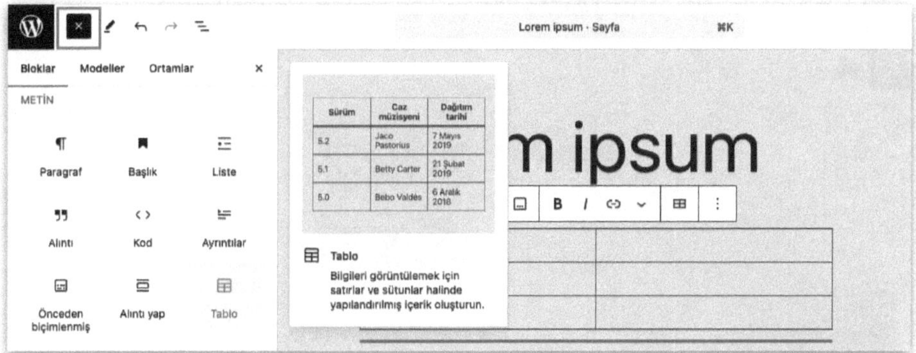

İstediğiniz **sütun** ve **satır** sayısını belirtin. Ardından **Tablo Oluştu**r a tıklayın ve tabloya bazı içerikler yerleştirin.

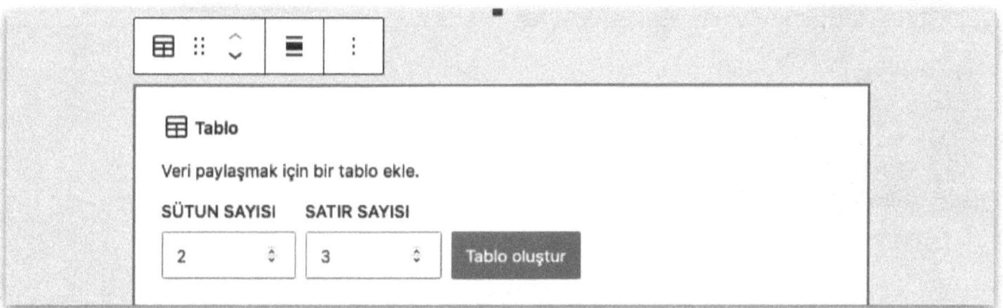

Tablo Ayarları'nda **Sabit genişlikli tablo hücrelerini** etkinleştirin.

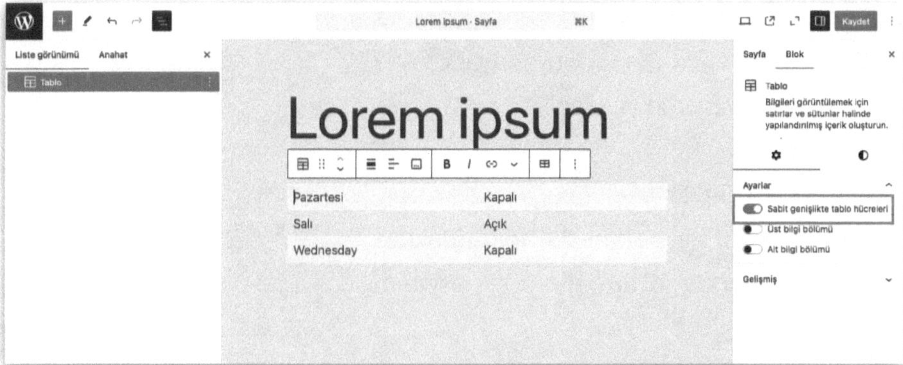

Düğmeler

Bir düğme, metinsel bir bağlantıdan daha fazla dikkat çeker. **+** simgesine tıklayın ve **TASARIM > Düğmeler** öğesini seçin.

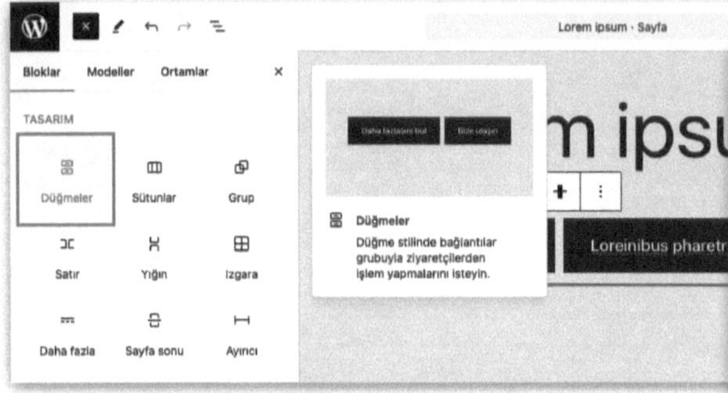

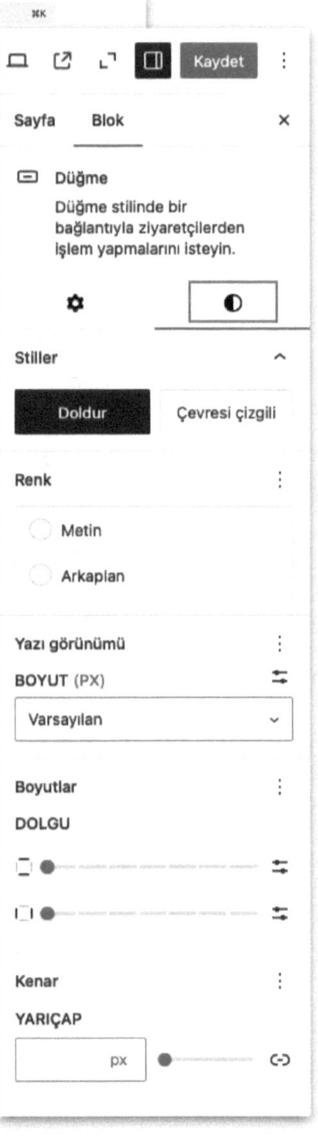

Düğmeye **metin** ekleyin. **Bağlantı simgesine** tıklayın ve bağlantı alanına bir **URL** yazın veya yapıştırın. Düğme özelliklerini **Ayarlar**'da (sağda) özelleştirebilirsiniz.

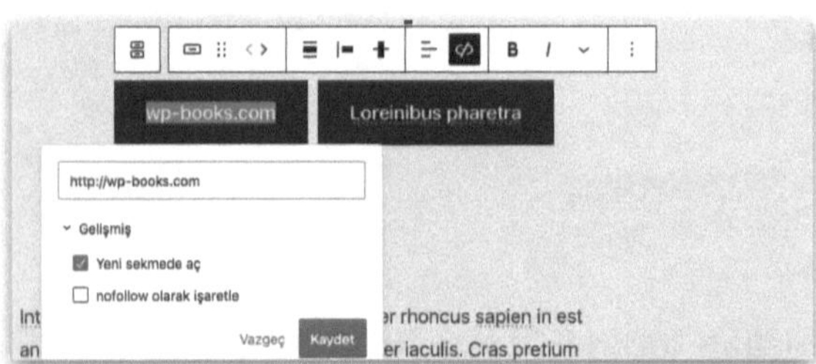

Stiller altında **Doldur** öğesini seçin. Renk ile Metin veya Arka Plan rengini ayarlayabilirsiniz. **Yarıçap** ile yuvarlama yapılabilir.

Araç Çubuğu-Bağlantı seçeneğini kullanarak bağlantının **yeni bir sekmede açıldığından** emin olun. Ardından **Güncelle** düğmesine tıklayın veya **Kaydet**.

Galeri

+ simgesine tıklayın ve **ORTAM > Galeri** öğesini seçin.

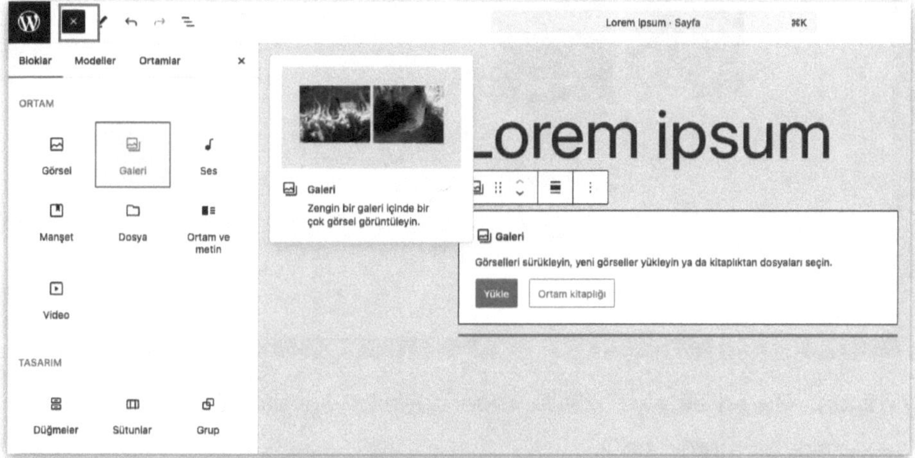

Yeni resimler yükleyin veya **Ortam kitaplığıı** ndan mevcut resimleri seçin.

Ortam kitaplığı düğmesine tıklayın ve bir dizi görsel seçin.

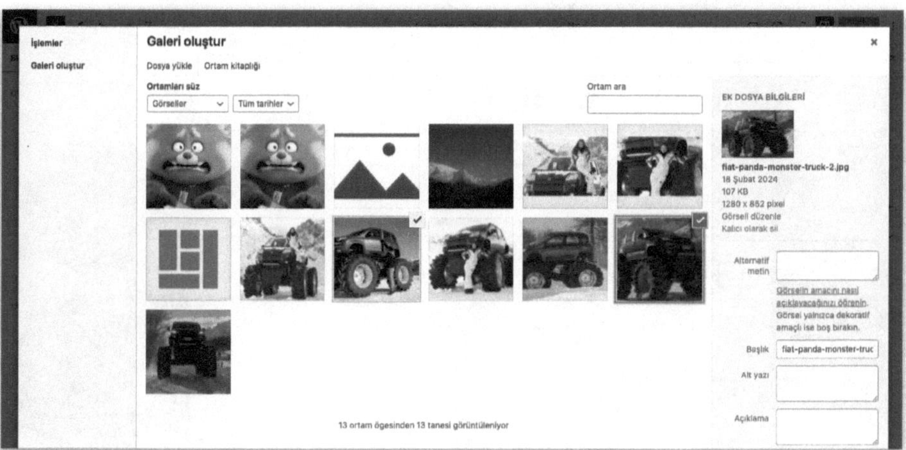

Ardından **Yeni galeri oluştu**r düğmesine tıklayın.

Yeni bir genel bakış ekranı görünür.

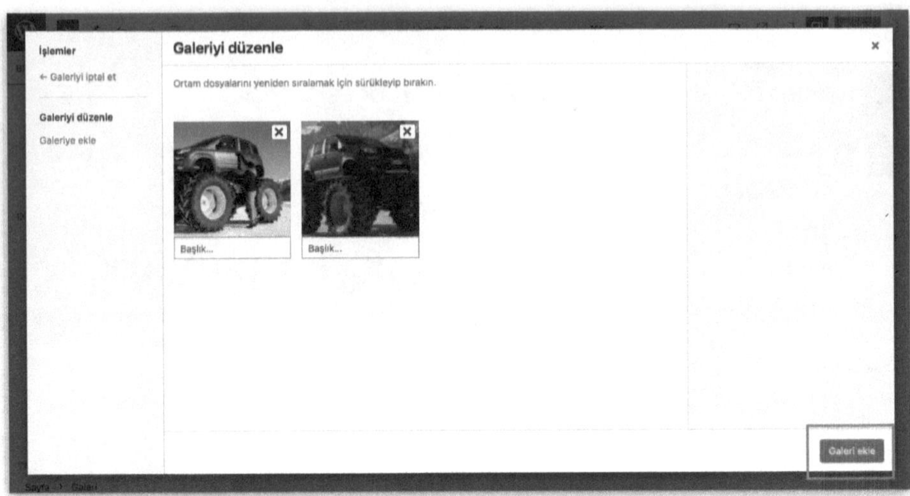

Ardından **Galeri ekle**'ye tıklayın. Diğer şeylerin yanı sıra görüntü sırasını ayarlamak da mümkündür.

Bir **görsel** seçin. Araç çubuğunda **Bağlantı** simgesine tıklayın ve **Tıklandığında genişlet** seçeneğini seçin.

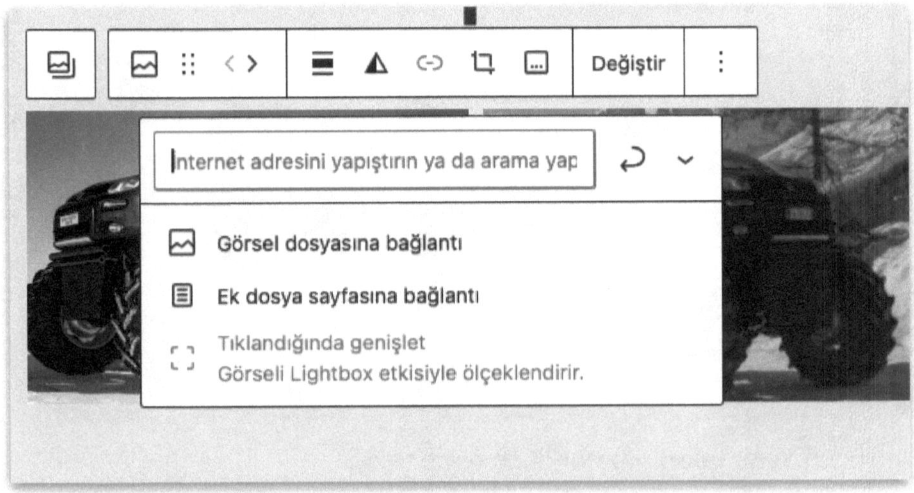

Yazınızı veya Sayfanızı yayınlayın ve siteyi görüntüleyin.

Modeller

Bloklar, sayfaları veya gönderileri biçimlendirmenizi sağlar. Ek olarak, şu özelliklere sahipsiniz Hoş geldiniz sayfası, blog düzeni veya iletişim sayfası gibi belirli amaçlar için özel olarak tasarlanmış önceden tasarlanmış bloklar olan Kalıpları kullanma seçeneği.

Modeller aktif temaya entegre olarak gelir. Metin veya görselleri değiştirerek kolayca özelleştirebileceğiniz hazır yapılar sundukları için Desenleri kullanmak önemli ölçüde zaman kazandırabilir. Sağ sütundaki ayarları değiştirerek blokların ve desenlerin görünümünü daha da geliştirebilirsiniz.

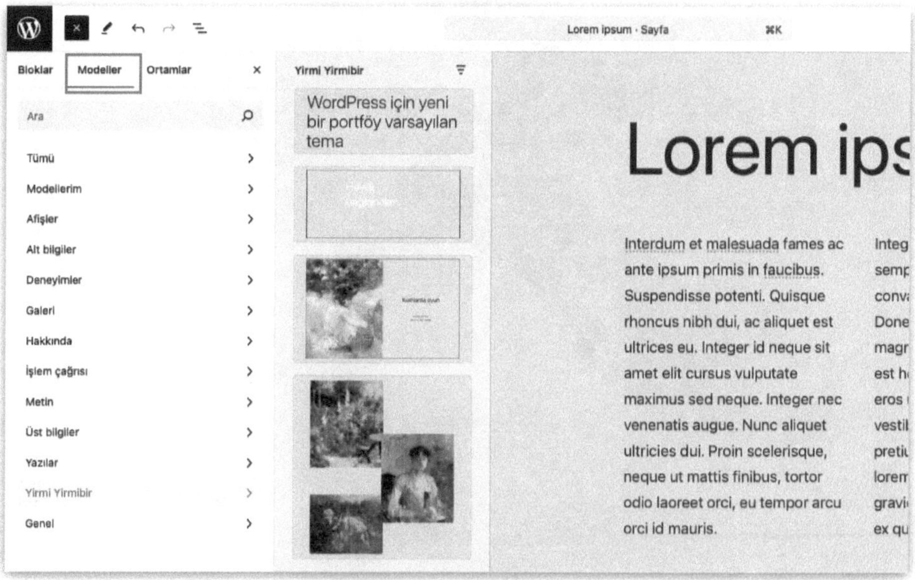

Ayrıca WordPress, kalıplarla benzer bir amaca hizmet eden **Yeniden Kullanılabilir Bloklar** oluşturmanıza olanak tanır. Bu bloklar web sitenize eklenerek farklı sayfalar arasında tutarlılık sağlayabilir. Yeniden kullanılabilir bloklar oluşturma hakkında ayrıntılı talimatlar için *WordPress - Gutenberg* kitabına bakın.

TEMA ÖZELLEŞTİR

Etkin temanın özelleştirilmesi, kullanılan temaya bağlı olarak değişen özelleştirme seçeneklerinin kapsamı ile Kontrol Panelinden kolayca yapılabilir.

Özelleştirme ayarlarına erişmek için **Başlangıç > Görünüm > Temalar > Özelleştir**'e gidin.

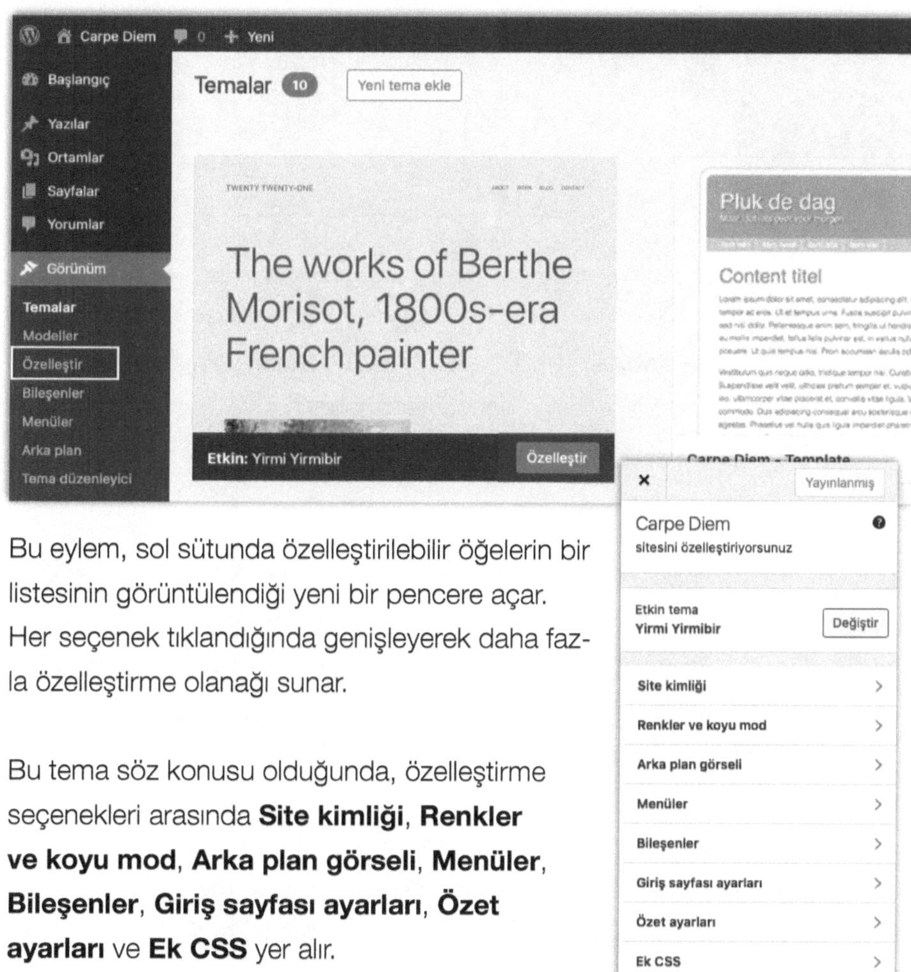

Bu eylem, sol sütunda özelleştirilebilir öğelerin bir listesinin görüntülendiği yeni bir pencere açar. Her seçenek tıklandığında genişleyerek daha fazla özelleştirme olanağı sunar.

Bu tema söz konusu olduğunda, özelleştirme seçenekleri arasında **Site kimliği, Renkler ve koyu mod, Arka plan görseli, Menüler, Bileşenler, Giriş sayfası ayarları, Özet ayarları** ve **Ek CSS** yer alır.

Örneğin, tema renklerini ayarlamak isterseniz, **Koyu renk desteği** seçeneğini kullanabilirsiniz. **Arka plan rengi** nin yanındaki **Renk seçin** e tıklayarak rengi istediğiniz gibi değiştirebilir ve değişiklikleri anında yapabilirsiniz önizleme penceresinde görünür.

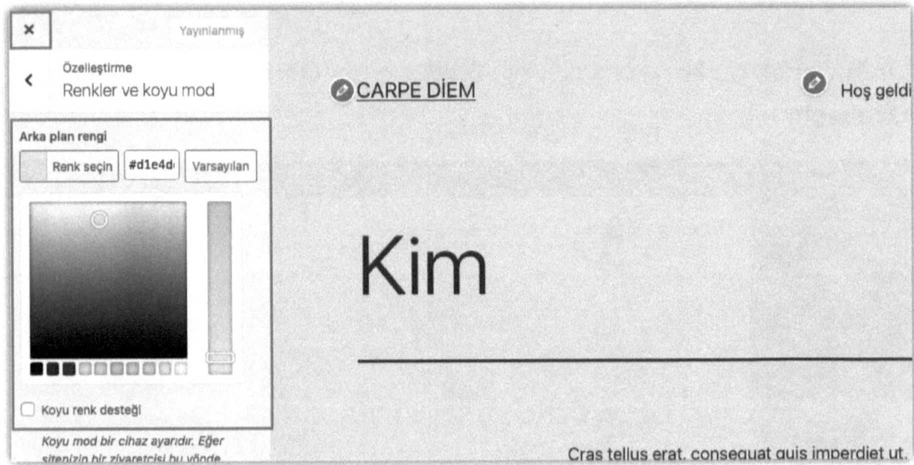

Değişikliklerinizi **kaydetmeyi** unutmayın ve ardından sol üst köşedeki '**X**' simgesine tıklayarak özelleştirme penceresini kapatın.

Başlık görselini yerleştirin

Bir başlık görseli yerleştirmek, temanın üst kısmında görüntülenecek bir görsel seçmeyi içerir. Birçok tema bunun **Başlangıç > Özelleştir > Başlık** aracılığıyla yapılmasına izin verirken, Twenty Twenty-One teması bunun yerine bir **Öne Çıkan Görsel** kullanır. Başlık olarak **Öne Çıkan Görsel** ayarlamak için aşağıdaki adımları izleyin:

Başlat > Sayfalar'a gidin. ve **Hoş Geldiniz** ana sayfasını seçin. Sağ taraftaki **Ayarlar** panelinden **Öne Çıkan Görsel** e tıklayın ve medya kitaplığınızdan uygun bir görsel seçin. Son olarak, değişikliklerinizi kaydetmek için **Güncelle** düğmesine tıklayın.

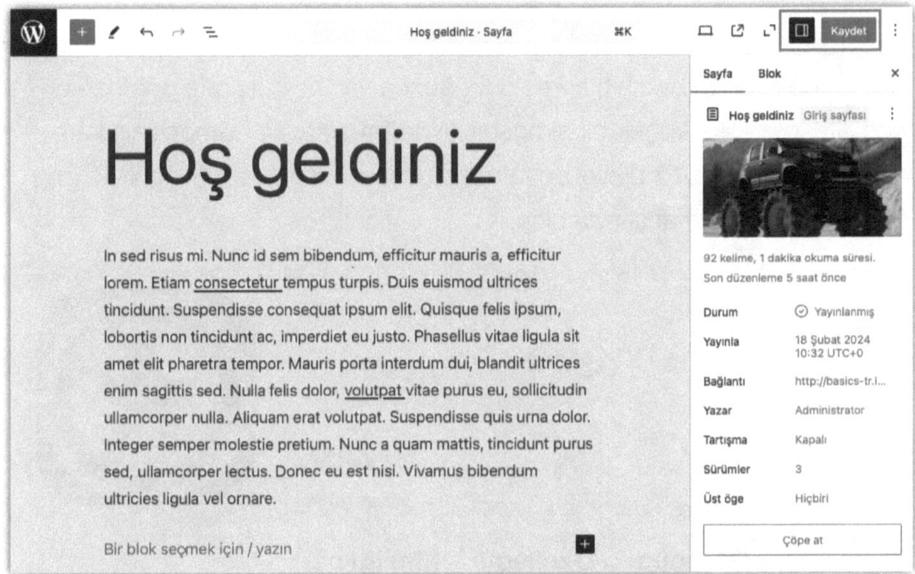

Hoş geldiniz

In sed risus mi. Nunc id sem bibendum, efficitur mauris a, efficitur lorem. Etiam consectetur tempus turpis. Duis euismod ultrices tincidunt. Suspendisse consequat ipsum elit. Quisque felis ipsum, lobortis non tincidunt ac, imperdiet eu justo. Phasellus vitae ligula sit amet elit pharetra tempor. Mauris porta interdum dui, blandit ultrices enim sagittis sed. Nulla felis dolor, volutpat vitae purus eu, sollicitudin ullamcorper nulla. Aliquam erat volutpat. Suspendisse quis urna dolor. Integer semper molestie pretium. Nunc a quam mattis, tincidunt purus sed, ullamcorper lectus. Donec eu est nisi. Vivamus bibendum ultricies ligula vel ornare.

Bir blok seçmek için / yazın

Bu adımları her sayfa için tekrarlayarak sitenizde farklı bir başlık oluşturabilirsiniz.

Site kimliği

Site simgesi, bir tarayıcının adres çubuğunda ve yer imlerinde görünen bir web sitesiyle ilişkili küçük bir simgedir. WordPress'te site simgesinin kare veya en az 512 × 512 piksel boyutunda olması önerilir ve gif, jpg veya png gibi çeşitli web formatlarında olabilir.

Başlangıç > Görünüm > Özelleştir - Kimliği'ne gidin.
Site simgesi altında **Site simgesini seçin** tıklayın.

Medya Kitaplığı'nızdan bir görüntü seçin ve gerektiği gibi kırpın.

Site simgesini önizleyin ve memnun olduğunuzda değişikliklerinizi kaydetmek için **Yayınla** düğmesine tıklayın.

Yayınla
Özelleştirme
Site kimliği
Logo
Logo seçin
Site başlığı
Carpe Diem
Slogan
Site başlığını ve sloganını göster
Site simgesi
Carpe...
Kaldır
Görseli değiştir
The Site Icon is what you see in browser tabs, bookmark bars, and within the WordPress mobile apps. It should be square and at least 512 by 512 pixels.
CARPE DİEM
Hoş geldir

YENİ TEMA

Bir WordPress teması, temayı tanımlayan PHP ve CSS dosyalarından oluşan bir koleksiyondur. WordPress sitesinin tasarımı ve işlevselliği.

Temalar kullanıcıların içerik kaybı olmadan sitenin tasarımını değiştirmesine olanak tanır ve şablon olarak da bilinir.

WordPress indirilebilecek 11.000'den fazla ücretsiz temanın yanı sıra 10 ila yaklaşık 70 dolar arasında değişen ticari temalar da sunmaktadır.

Bu bölümde size bir temayı nasıl **indireceğinizi**, **kuracağınızı** ve **etkinleş- tireceğinizi** göstereceğim.

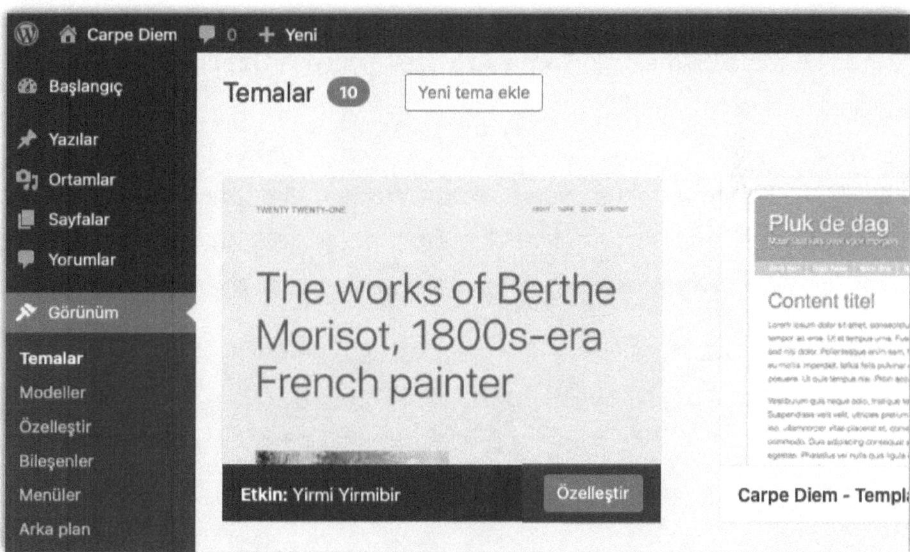

Başlangıç > Görünüm > Themes bölümüne gidin.

Yeni Tema Ekle düğmesine tıklayın.

Temayı indirin ve yükleyin

Bir tema indirmek ve yüklemek için birkaç seçeneğiniz vardır. **Tema Ekle** ekranında **Beğenilen**, **Güncel**, **Blok temaları**, **Sık kullanılan** ve **Özellik süzgeci** gibi kategoriler bulacaksınız.

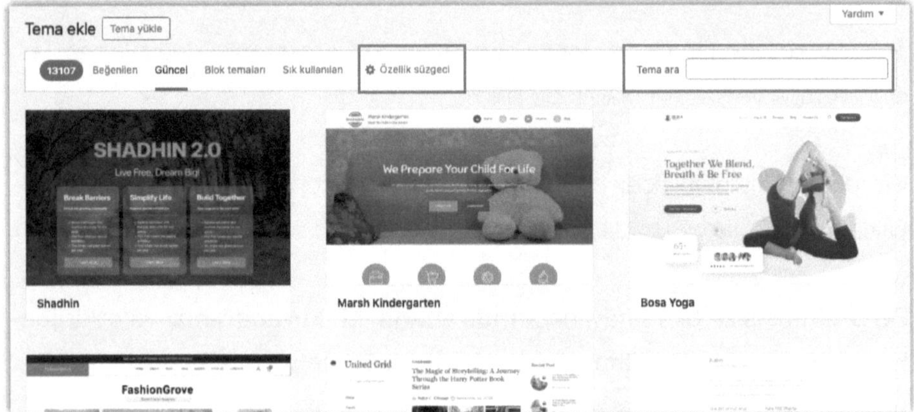

Uygun bir tema bulmak için **Tema Ara** özelliğini veya **Özellik Süzgecin**i de kullanabilirsiniz.

İndirdiğiniz bir tema dosyası varsa, **Tema Yükle** düğmesine tıklayarak yükleyebilirsiniz. Tema dosyası genellikle **Zip** formatındadır. Daha fazla ücretsiz tema için *http://wordpress.org/extend/themes* adresini ziyaret edebilirsiniz.

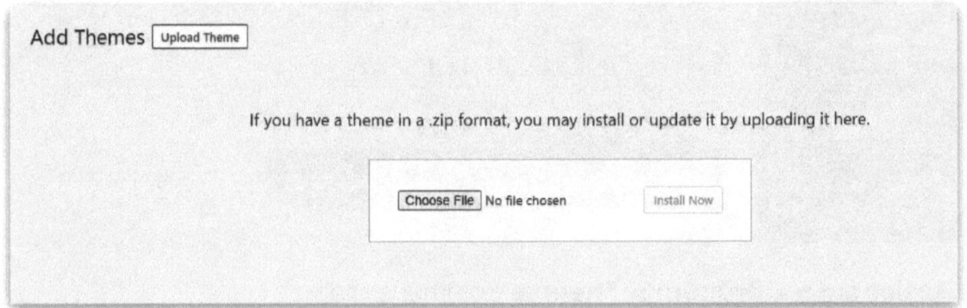

Beğendiğiniz bir tema bulduğunuzda, **Yükle** düğmesine tıklayın.

Örneğin, ThemeZee'nin Maxwell temasını yükleyelim. **Arama alanına** Maxwell yazın ve ardından **Ara** ya tıklayın.

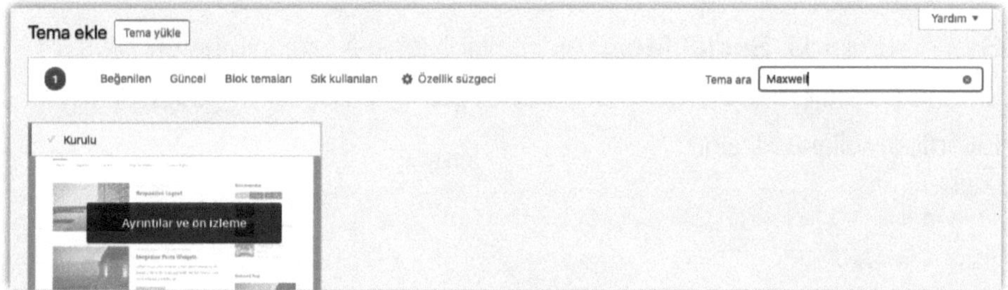

Daha fazla bilgi için tema önizlemesinin üzerine gelin veya **Ayrıntılar ve ön izleme**. Son olarak **Yükle**'ye tıklayın.

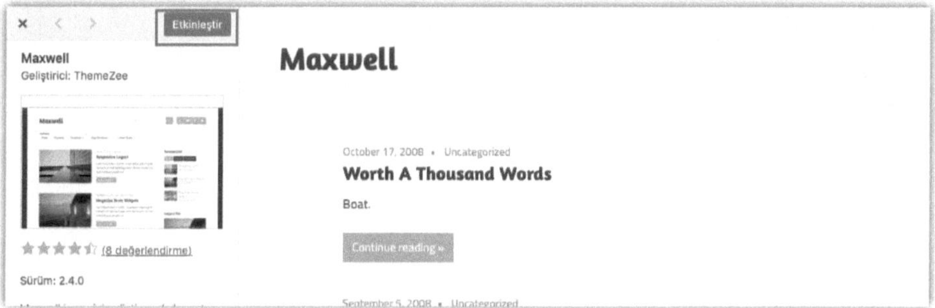

Başlangıç > Görünüm > Temalar dan yüklü temaların sayısını görebilirsiniz. **Etkinleştir** temaları değiştirmenizi sağlar.

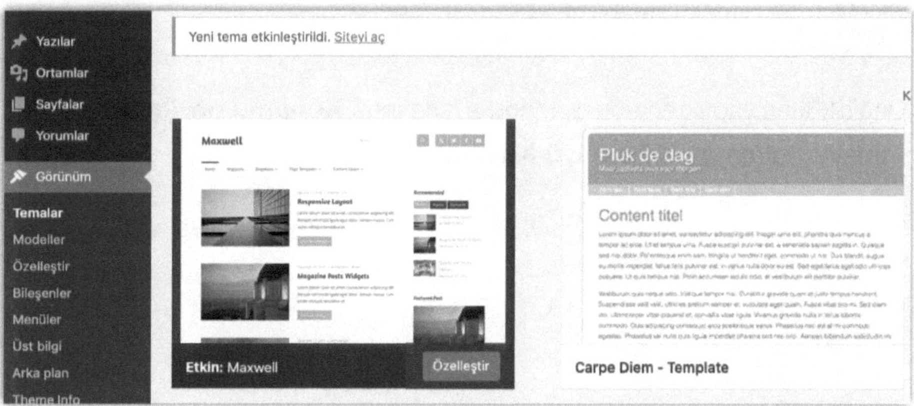

Temayı değiştirdikten sonra menünün kaybolduğunu fark ederseniz, şunları yapabilirsiniz **Başlangıç > Görünüm > Menüler**'den ayarlayın.

Bazı durumlarda, **Social Menü** gibi belirli özellikler temanın ücretli bir sürümünü gerektirebilir. Sosyal medya simgeleri eklemek için Widget'lar veya Eklentiler kullanabilirsiniz.

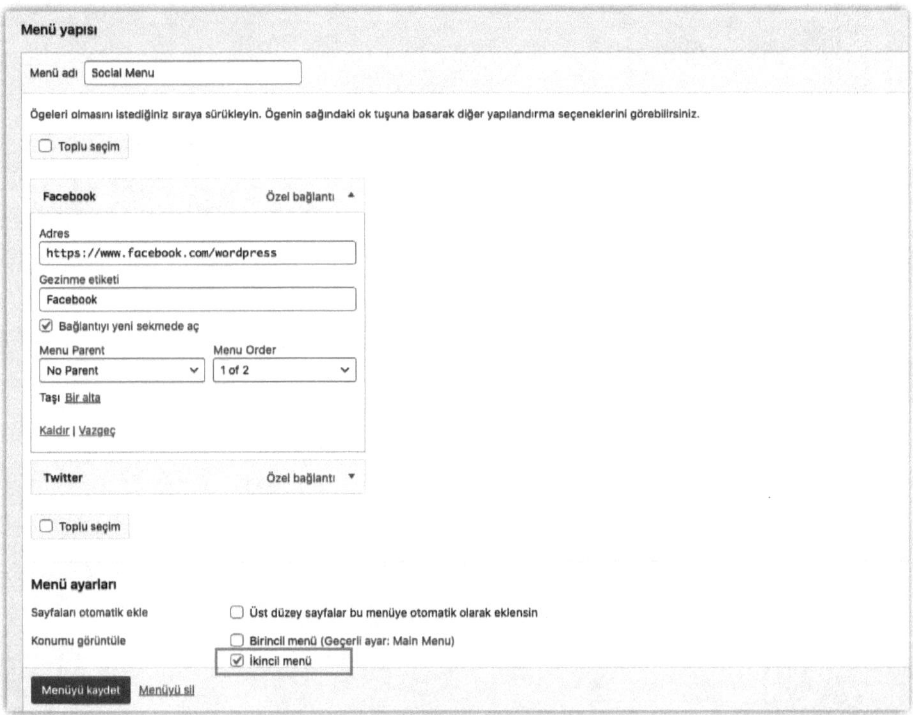

Değişiklikleri yaptıktan sonra, Menü ayarlarında **Konumu görüntüle** nu belirtmeyi unutmayın ve **Menüyü Kaydet** e tıklayın.

Temayı Özelleştir

Tema Özelleştir kullanılarak bir temanın özelleştirilmesi temaya bağlı olarak değişir. Maxwell temasında mevcut olan seçenekleri inceleyelim.

Başlangıç > Görünüm Temalar > Özelleştir'e gidin.

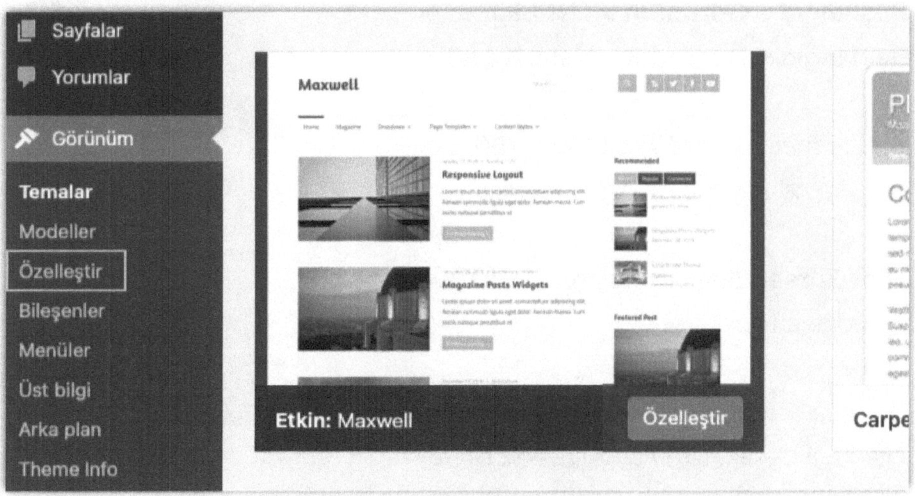

Sol sütunda, mevcut özelleştirme seçeneklerini göreceksiniz.

Maxwell temasında **Site Kimliği, Üst bilgi görseli, Background, Menüler, Bileşenler, Giriş sayfası ayarları, Theme Options** ve **Ek CSS**'yi özelleştirebilirsiniz.

Örneğin, tema rengini değiştirmek için **Background > Arka plan rengi** seçeneğini kullanabilirsiniz.

Üst bilgi resmini yerleştirin

Maxwell temasına bir başlık eklemek, varsayılan *Twenty Twenty-One* temasından farklıdır.

Temaya bir başlık eklemek için şu adrese gidin:
Başlangıç > Görünüm > Üst bilgi veya
Başlangıç > Özelleştir - Üst bilgi görseli.

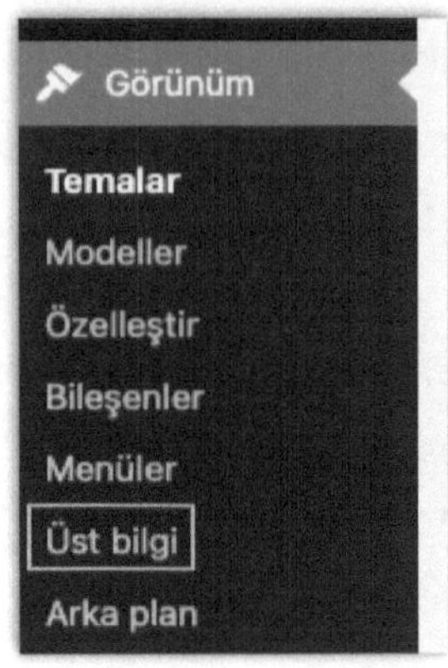

JPG formatında yaklaşık **1200 x 400** piksel boyutlarında uygun bir başlık resmi bulun.

Yeni Görsel Ekle ye tıklayın, dosyayı seçin ve ardından yükleyin.

Görüntü çok büyükse kırpmanız gerekebilir. Alternatif olarak, kırpmayı atlayabilirsiniz.

Yüklendikten sonra değişikliklerinizi kaydetmek için "**Yayınla** "ya tıklayın. Yeni başlığı görmek için sitenizi önizleyin.

Başlık her sayfada ve gönderide görüntülenecektir. Her sayfa veya yazı için farklı başlıklar istiyorsanız, bir eklenti kullanmanız gerekebilir.

Bununla ilgili daha fazla ayrıntıyı *Özel Başlıklar* bölümünde bulabilirsiniz.

Carpe Diem

Welcome   Who ⌄   What   Where   News   Contact

February 16, 2024 • Blog Posts

Hello world!

Welcome to WordPress. This is your first post. Edit or delete it, then start writing!

Continue reading »

February 18, 2024 • Blog Posts

Weather

Nunc pulvinar, enim a faucibus semper, orci augue rutrum metus, a tempor mauris nunc et ligula. Cras dapibus non nunc

Continue reading »

Carpe Diem

Search

Search

BLOK TEMALARI

Twenty Twenty-Two teması ilk varsayılan WordPress blok temasıdır. Başlıklar, logolar ve menüler gibi blokları düzenlemenize veya eklemenize olanak tanıyarak kolay görsel özelleştirme sağlar. Ayrıca **ana sayfa**, **yayınlar** veya **sayfalar** yapısını ayarlayabilir, varsayılan altbilgi metnini değiştirebilir ve renk, boyut ve yazı tipi gibi stilleri ayarlayabilirsiniz.

Bir blok temasının özelleştirilmesi, sayfalar veya yazılarla aynı düzenleyici kullanılarak yapılır. WordPress bunu **Full Site Editing** olarak adlandırır ve kapsamlı bir site düzenleyici ve oluşturucu deneyimi sunar. Başlamak için, **Local** ile **yeni bir WordPress web sitesi** oluşturun (*WordPress Yükleme* bölümüne bakın).

Başlangıç > Görünüm gidin. **Twenty Twenty-Two** temasını **yükleyin** ve **etkinleştirin**. WordPress bu sürümde blok temalarla çalışmanın ne kadar kolay olduğunu göstermek istiyor.

Görünüm > Düzenleyici'ye gidin. Sol sütunda bir dizi seçenek göreceksiniz: **Gezinme**, **Stiller**, **Sayfalar**, **Şablonlar** ve **Modeller**. Sağ tarafta en son gönderilerin yer aldığı ana sayfayı göreceksiniz.

Başlığı seçin, ardından **Şablonu Düzenle** ye tıklayın. Bloğun üzerinde bir seçenek çubuğu görünecektir.

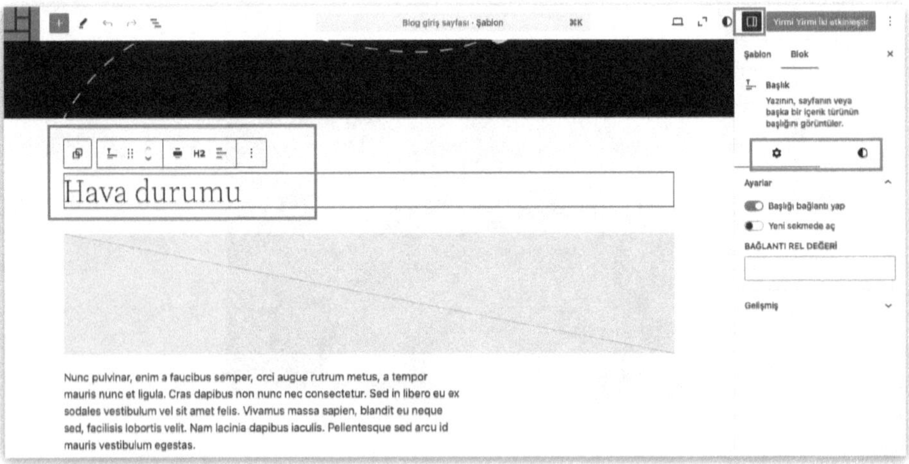

Ayarlar simgesini (sağ üstte) kullanarak, sağ taraftaki sütunda ek **blok seçenekleri** bulacaksınız. **Blok Ayarları** (sütun simgesi) ve **Stiller** (hilal simgesi) ile bloğu daha da özelleştirebilirsiniz.

WordPress simgesi (sol üstte) sizi Site Düzenleyici'ye geri götürecektir

Görünüm > Düzenleyici - Şablonlar'a gidin. Şablonlar, toplu olarak bir sayfayı oluşturan **Şablon parçaları** ve **bloklardan** oluşur. Örneğin bir şablon parçası **Üst kısım**, **Yan kısım** veya **Alt kısım** olabilir. Bir şablon genellikle birden fazla parçadan oluşur.

Bir **Şablon** un adı, amacını belirtir. Örneğin, **Tekil Yazılar** Şablonu, ziyaretçi ana sayfadan bir yazıya tıkladığında görüntülenir ve yazının tamamını gösterir. Şablon sayısı temaya bağlı olarak değişebilir.

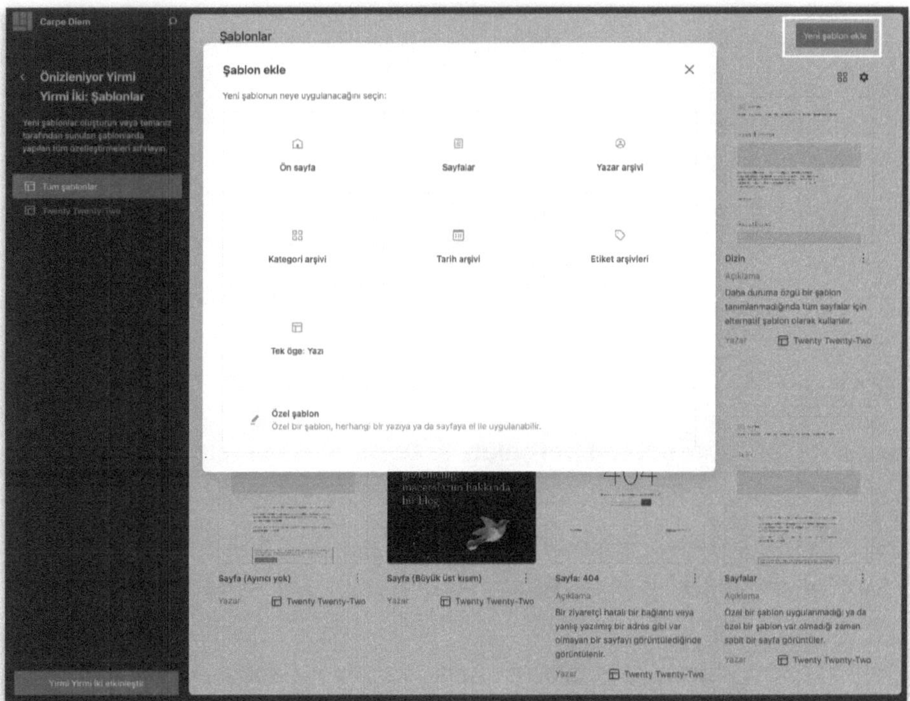

Yeni Şablon Ekle düğmesine tıklayarak yeni şablonlar oluşturabilirsiniz.

Tek Yazılar'ı seçin ve düzenlemek için bir **bloğa** tıklayın.

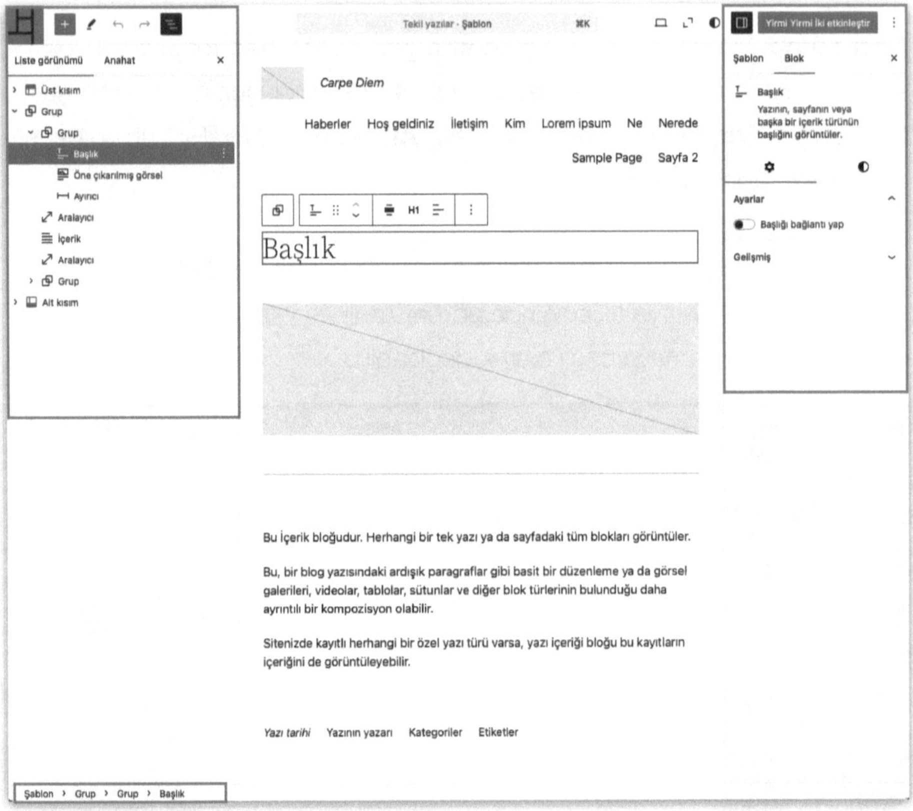

Bir şablonun yapısı **şablon parçaları** ve **tema blokları** ndan oluşur. Bir şablon bileşenini veya bloğunu seçerek işlevini görebilirsiniz. Bunu **Liste Görünümü** ya da **ekmek kırıntısı izi** kullanarak yapabilirsiniz. Sağ sütundaki **blok seçenekleri** ve **ayarlar** ı kullanarak blok özelliklerini ayarlayın.

Blok ekleyiciyi kullanarak şablon parçaları ve tema blokları ekleyebilirsiniz, sol üstteki **+** simgesi ile temsil edilir.

Görünüm > Düzenleyici > Modeller'e gidin. Tema Desenlerinin (düzenler) yanı sıra bir de ŞABLON PARÇALARI listesi bulacaksınız. Düzenlemek için bir Parçaya tıklayın.İsim, temsil ettiği türü gösterir.

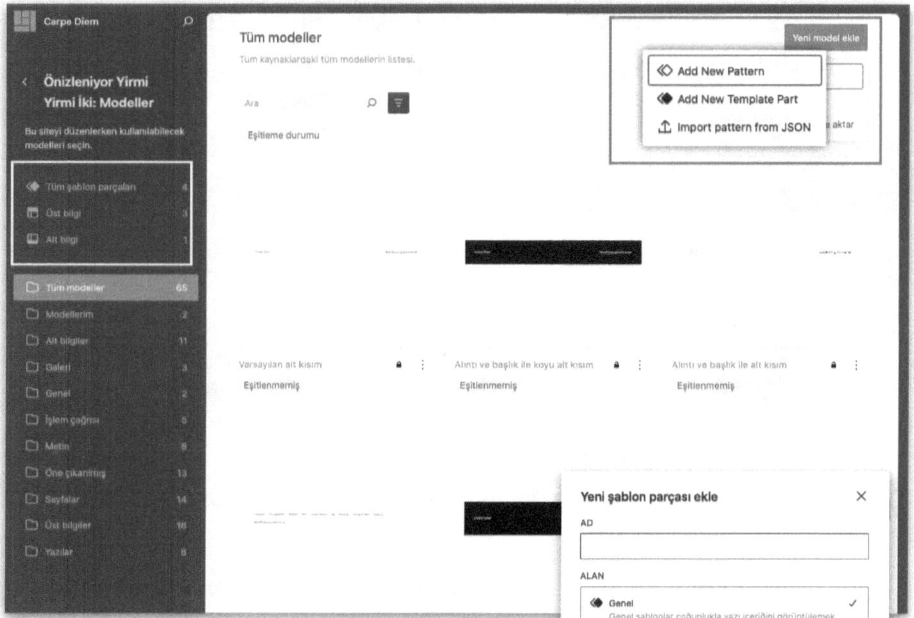

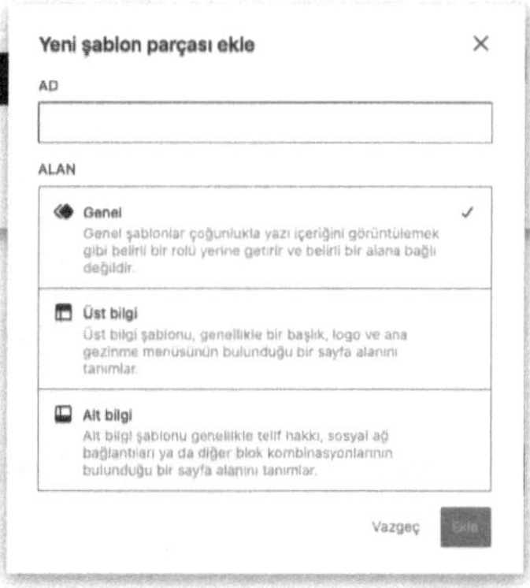

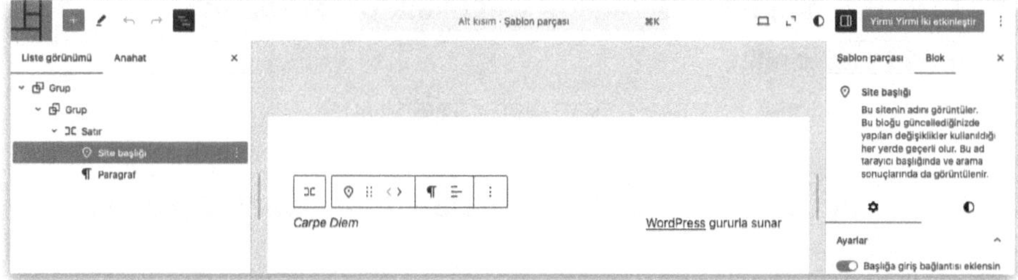

Yeni Kalıp Ekle > Yeni Şablon Parçası Ekle ile şablon parçaları oluşturabilirsiniz.

Bir Tum **Şablon Parçası** ile çalışmanın yararı, tüm sayfa yapısı tarafından boğulmadan düzene odaklanmanızı sağlamasıdır.

Ana Sayfa, Şablon ve Şablon Parçalarını Düzenleme

Site Editörü ile tasarım ekleyebilir veya değiştirebilirsiniz. Değişiklikler hemen yürürlüğe girer. Değiştirilmiş bir şablon, şablona genel bakışta görünür. Değiştirilmiş bir şablonu geri yüklemek için **Şablonlar > Tüm Şablonlar**'a gidin. Ardından, **İşlemle**r'e (üç nokta) gidin ve **Sıfırlar**'ı seçin.

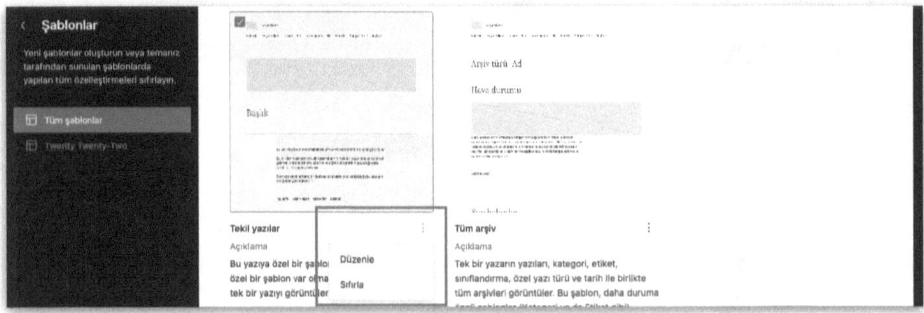

Örnek olarak, bir şablonu düzenlemeye devam edelim.
Düzenleyici > Şablonlar'a gidin ve **Tekil Yazılar** şablonunu seçin.

Amacımız **Üst kısım** ve **Alt kısım** bölümlerini bir **Modeller** ile değiştirmektir. Ek olarak, Başlığın hemen altında yer alan Tarih, Yazar ve Kategori dahil olmak üzere Meta bilgi bloklarını ayarlayacağız.

Üst kısım ve Alt kısım özelleştirmesi:
1. **Liste Görünümüne** gidin ve **Üst kisim** içindeki **Grup** u seçin.
2. **+** simgesine tıklayın ve **Modeller**'i seçin.
3. **Üst bilgiler** kategorisini seçin.
4. **Text-only header with tagline and black background** nı seçin.
5. **Eski Grup** u **silin**.
6. Metin ve Bağlantı rengini beyaz olarak ayarlayın.

Aynı işlemi **alt bilgi** için de tekrarlayın ve **Dark footer with title and citation** seçeneğini belirleyin.

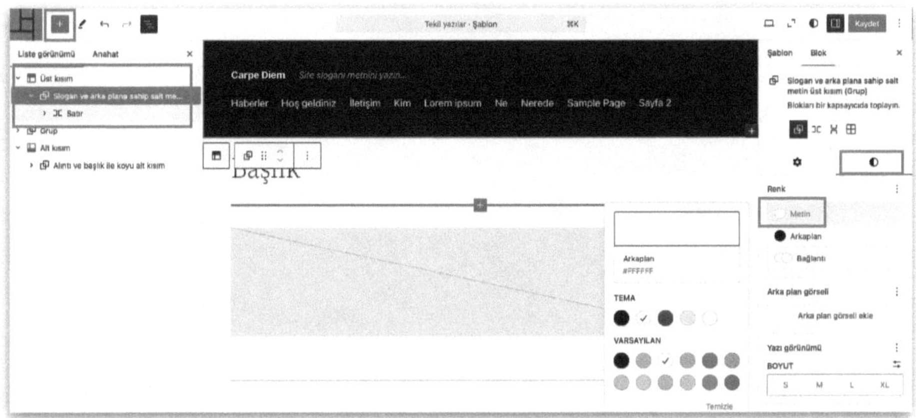

Ardından, Başlığın altındaki Meta bilgileri satırını seçip sürükleyerek "**Meta bilgilerini**" doğrudan Başlığın altına taşıyın.

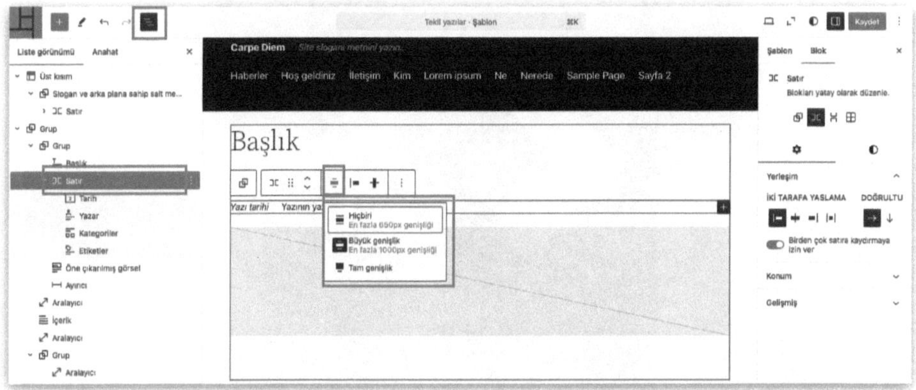

Yardım için **Liste Görünümü** aracını kullanın. **Genişliği** - **Geniş Genişlik** olarak ayarlayın. Değişikliklerinizi **kaydedin** ve bir gönderiyi önizleyin.

Düzenler, tam site düzenleme ve blok temalar hakkında daha fazla bilgi için **WordPress Gutenberg** ve **WordPress Blok Temaları** kitabına bakın.

Not: **Twenty Twenty-One** temasını **etkinleştirin** veya bir sonraki bölümde ihtiyacınız olacağı için önceki WordPress sitenize gidin.

ALT BILGI BÖLÜMÜNÜ DÜZENLE

Alt bilgi, bir WordPress temasının en altında yer alır. **Twenty Twenty-One** temasında, site başlığını ve Proudly powered by WordPress metnini alt bilgide bulabilirsiniz.

Alt bilgiyi "kaputun altında" özelleştirebilirsiniz.

1. **Twenty Twenty-One** temasını **etkinleştirin**.
2. **Başlangıç > Görünüm > Tema düzenleyici**'ye gidin.

   Bir açılır pencere görünür. **Anladım** düğmesine tıklayın. Bundan sonra, *Twenty Twenty-One* PHP tema dosyaları size sunulacaktır.

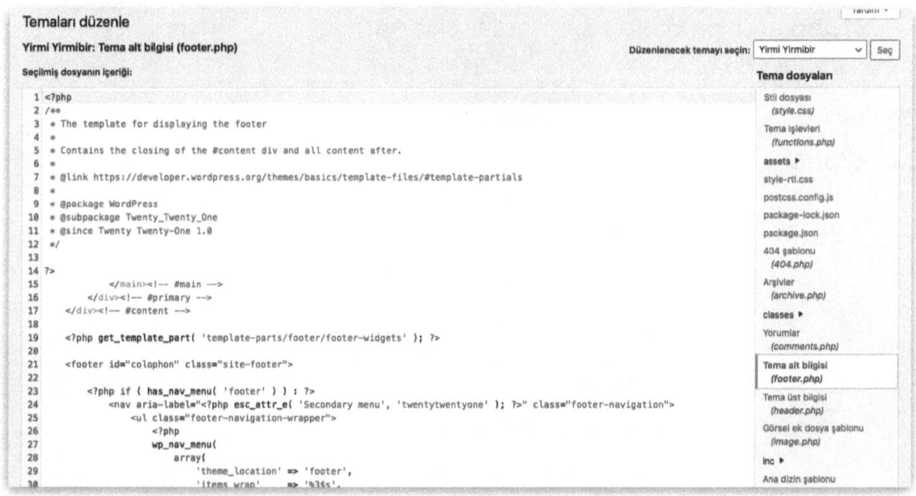

Sağ taraftaki sütunda tüm **Twenty Twenty-One** tema dosyalarını görebilirsiniz.

3. Sağ sütundaki **Tema alt bilgisi** (footer.php) tıklayın. **İpucu**: Önce kodun bir yedeğini alın. Kodu kopyalayın ve bir metin dosyasına yapıştırın. Pencerede dosyayı düzenleyebilirsiniz.

```
63              <div class="powered-by">
64                  <?php
65                  printf(
66                      /* translators: %s: WordPress. */
67                      esc_html__( 'Proudly powered by %s.', 'tv
68                      '<a href="' . esc_url( __( 'https://wordp
69                  );
70                  ?>
71              </div><!-- .powered-by -->
72
73          </div><!-- .site-info -->
74      </footer><!-- #colophon -->
75
```

4. Aşağıdaki etiketler arasındaki komut dosyasını silin.

    <?php and **?>**, 65'ten 69'a kadar olan satırlar.

5. Yeni bilgileri bu iki etiket arasına yerleştirin:

    <?php

    ```
    print "Carpe Diem - "; echo date('D, d, M, Y');
    ```

    ?>

```
62
63          <div class="powered-by">
64              <?php
65              print "Carpe Diem - "; echo date('D, d, M, Y');
66              ?>
67          </div><!-- .powered-by -->
68
```

6. "Carpe Diem - " komutundan sonraki kod geçerli tarihi oluşturur.

    ('D, d, M, Y') = gün, rakam, ay ve yıl. Eğer istenirse,

    tarihi ayarlamak için harflerden birini kaldırın.

    İpucu: Tırnak işaretlerine dikkat edin. "yanlış" - "doğru".

7. **Dosyayı Güncelle** düğmesine tıklayın ve siteyi görüntüleyin.

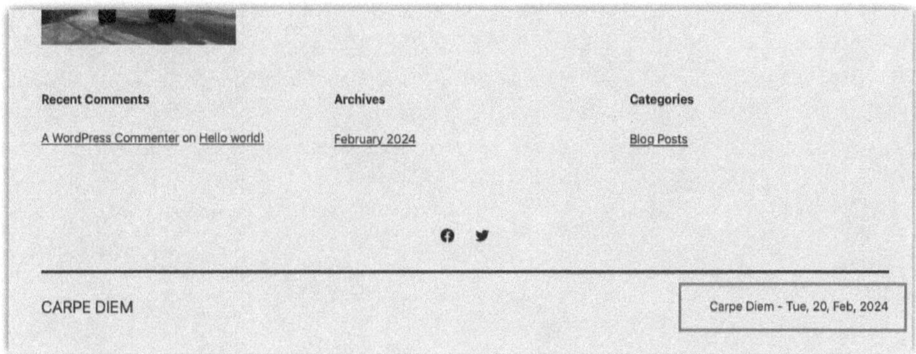

Bu alıştırma size bir tema dosyasını değiştirmek için nereye gideceğinizi gösterir. Ne yazık ki, tema güncellemeleri altbilgide yapılan tüm değişikliklerin üzerine yazacaktır.

Kalıcı bir değişiklik yapmak istiyorsanız, orijinal temanın bir **Child Theme** oluşturulmalıdır. Bu, orijinal temanın bir tür kopyasıdır.

Bir Blok teması kullanıyorsanız (bkz. BLOCK THEME bölümü), Site Düzenleyicisini kullanabilirsiniz. Artık bu amaçla bir PHP dosyasını değiştirmeye gerek yoktur.

"Kaputun altındaki" kodu değiştirmeyi seviyorsanız veya bir Alt Temanın nasıl oluşturulduğunu öğrenmek istiyorsanız, **WordPress - Gelişmiş** kitabına göz atın.

KULLANICILAR

WordPress'te, farklı kullanıcılar bir web sitesini yönetme erişimine sahip olabilir. Kullanıcılara farklı izinler vermek, onlara tam veya sınırlı erişim sağlar.

Yeni kullanıcı ekle:

1. **Başlangıç > Kullanıcılar > Yeni kullanıcı ekle**'ye gidin.

   Yeni bir kullanıcı ekleyin.

   Gerekli alanları doldurduğunuzdan emin olun.

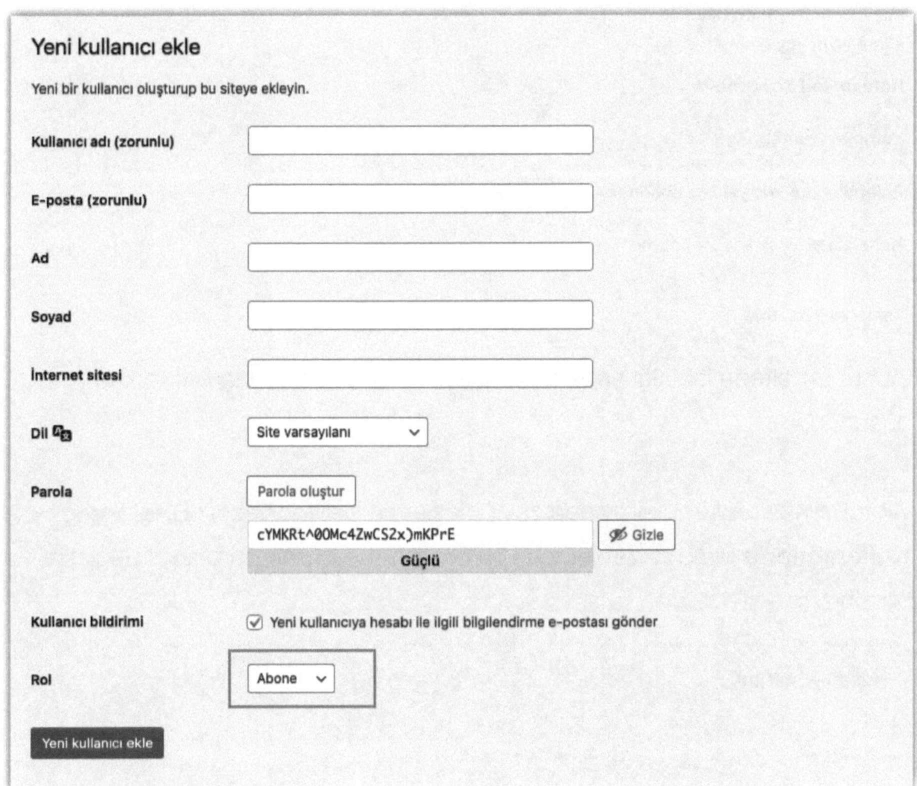

2. Yeni kullanıcıyı eklemeden önce ona bir **Rol** (izinler) atayın.

Farklı rollere genel bakış:

	Abone	Katılımcı	Yazar	Editör	Yönetici
Yazıları okuyun	●	●	●	●	●
Yazılara Yorum Yapma	●	●	●	●	●
Yazıları değiştirme veya silme		●	●	●	●
Yazıları yayınlayın			●	●	●
Medya dosyalarını yükleme ve yönetme			●	●	●
Yazıları ve Sayfaları düzenleme, silme veya yayınlama				●	●
Kategorileri Yönetme				●	●
Yorumları yönetme				●	●
Eklentileri ve Widget'ları Yönetme					●
Kullanıcı ekleme veya kaldırma					●
Temaları Yönetme					●

İpucu: Bir sitede işbirliği yaparken, kullanıcı rollerini tanımlamayı dikkatlice düşünün.

WordPress kurulumu sırasında zayıf bir parola belirlediyseniz **Başlangıç > Kullanıcılar**'a gidip düzenlemek için profilinizi seçerek parolanızı değiştirebilirsiniz.

Hesap yönetimi

Yeni parola

Yeni parola ayarla

Oturumlar

Başka her yerden çıkış yap

Telefonunuzu kaybetmiş ya da oturumunuzu herkese açık bir yerde açık bıra

WORDPRESS PLUGINS

WordPress'e ek işlevsellik kazandırmak, diğer yöntemlerin yanı sıra eklenti-ler (plugins) aracılığıyla gerçekleştirilir. Bunlar sistem içindeki ek programlar olarak düşünülebilir. WordPress'te posta formu, galeri veya arama motoru optimizasyonu gibi eksik bir şey bulursanız, muhtemelen bu ihtiyacı karşılayacak bir eklenti mevcuttur.

Çok sayıda eklenti mevcut olsa da, akıllıca hareket etmek önemlidir. Sitenizi eklentilerle aşırı yüklemeyin. Bunları yalnızca gerekli olduğunda kullanın; çok fazla eklenti çakışmalara neden olabilir ve sitenizi yavaşlatabilir. Ayrıca, site-nizin bir eklenti aracılığıyla tehlikeye girme riski artar. Bu nedenle, bir eklentiyi yüklemeden önce iyice araştırmanız tavsiye edilir.

Eklentiyi İndirin

Bir eklenti indirmek için şu adresteki eklenti deposunu ziyaret edin:

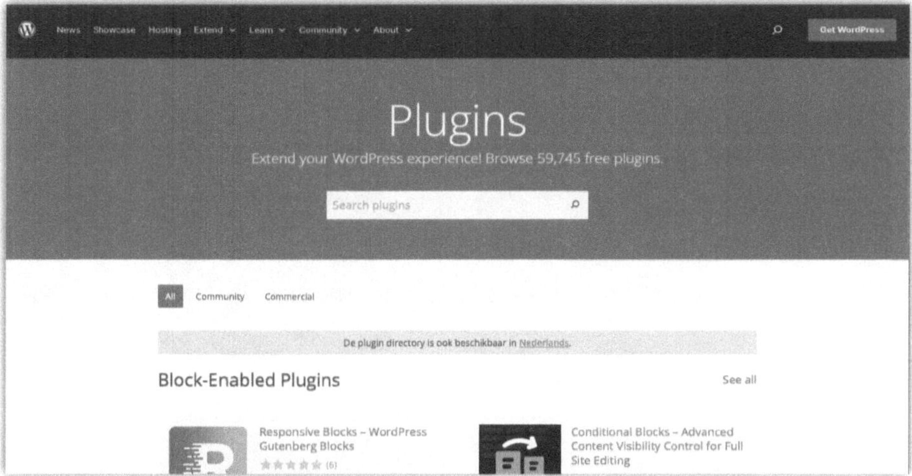

https://wordpress.org/plugins.

Doğru eklenti

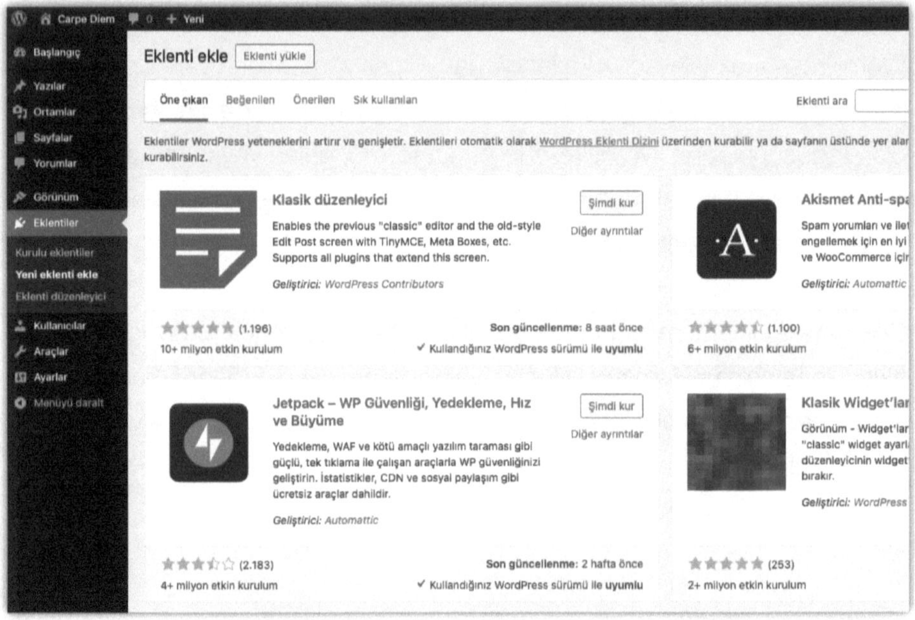

Bir eklenti seçerken, bilgilerini dikkatlice inceleyin ve aşağıdaki soruları sorun:

- Eklenti olumlu puanlar aldı mı?
- Eklenti hem yöneticiler hem de ziyaretçiler için kullanıcı dostu mu?
- Eklenti reklamı yapıldığı gibi çalışıyor mu?
- Eklenti WordPress'in güncel sürümü ile uyumlu mu?
- Eklentinin kaç tane aktif kurulumu var?
- Eklentiyi etkinleştirdikten sonra sitenin performansı etkilendi mi?

Bir eklenti beklentileri karşılayamazsa, derhal kaldırın ve bir alternatif arayın.

Eklenti Yükleme

Başlat > Eklentiler > Yeni eklenti ekle'ye gidin.

Arama alanına **Contact Form 7** yazın.

Eklenti göründüğünde, ek bilgi için

Diğer ayrıntılar'a tıklayın.

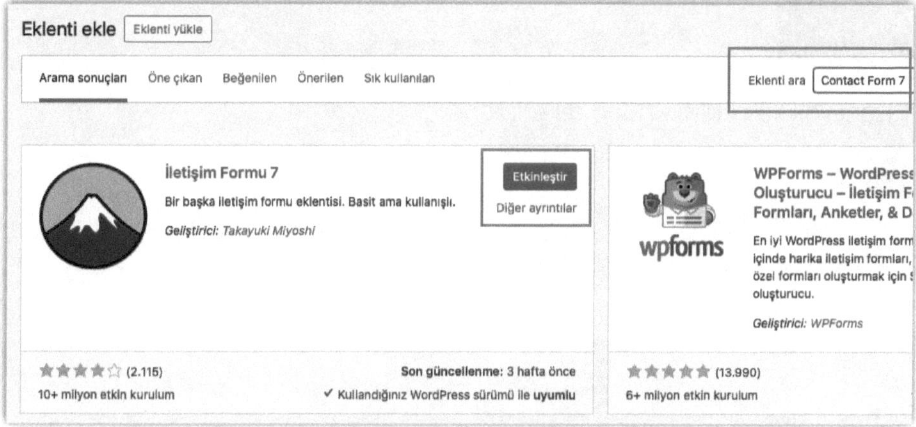

Ardından, **Şimdi Yükle** düğmesine ve ardından **Etkinleştir** düğmesine tıklayın.

Yüklü eklentileri görüntülemek için **Başlangıç > Eklentiler**'e gidin.

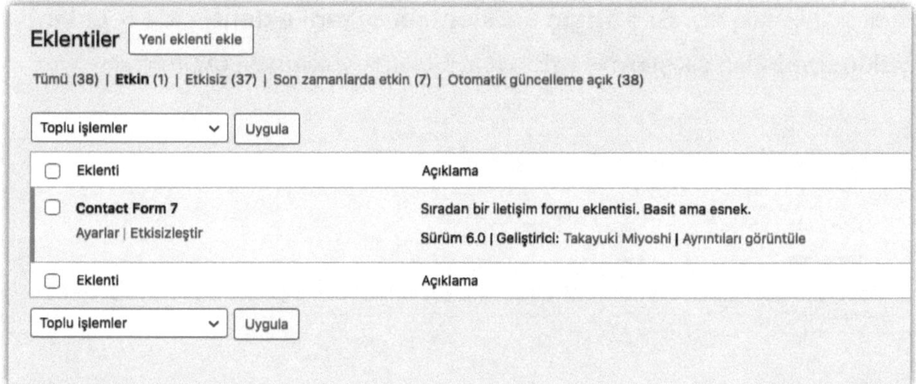

Eklentiyi yapılandırmak için **Başlangıç > İletişim** bölümünü ziyaret edin. Bu bölüm Kontrol Panelinize eklenecek ve özelleştirme ve kullanım hakkında bilgi sağlayacaktır.

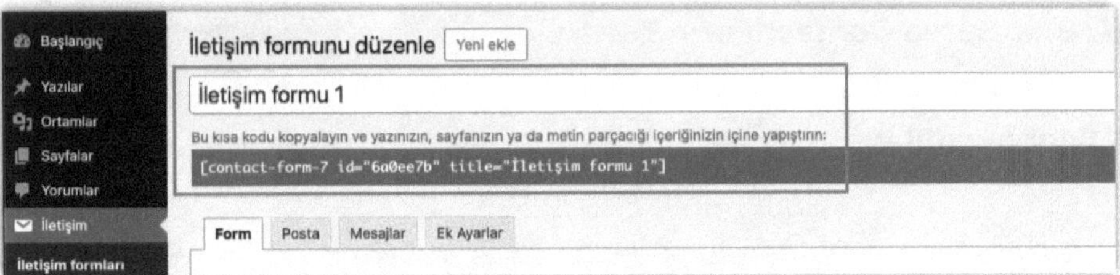

Eklentiye Blok editöründen de erişilebilir.

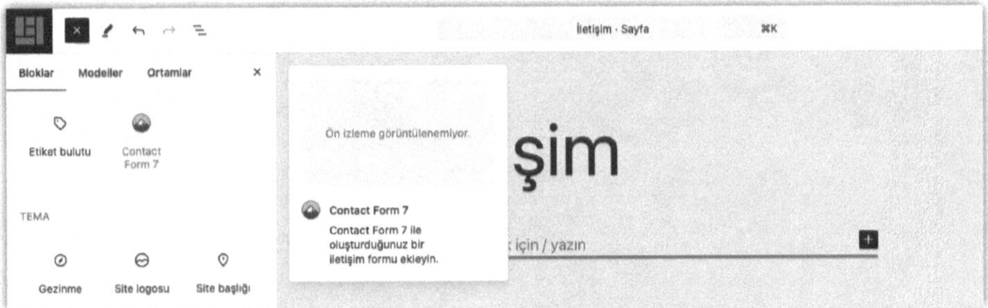

Bir Sayfaya gidin, **+** simgesine tıklayın, **Bileşenler > İletişim Formu 7**'yi seçin. İletişim *Formu 1*'i seçin ve **Kaydet** veya **Güncelle'ye** tıklayın.

Ayrıca, eklentiler *wordpress.org/plugins* adresinden aranabilir ve indirilebilir. İndirdiğiniz eklentiyi **Başlangıç > Eklentiler > Yeni eklenti ekle > Eklenti yükle** üzerinden sıkıştırılmış (.zip) dosya olarak yüklemeyi unutmayın.

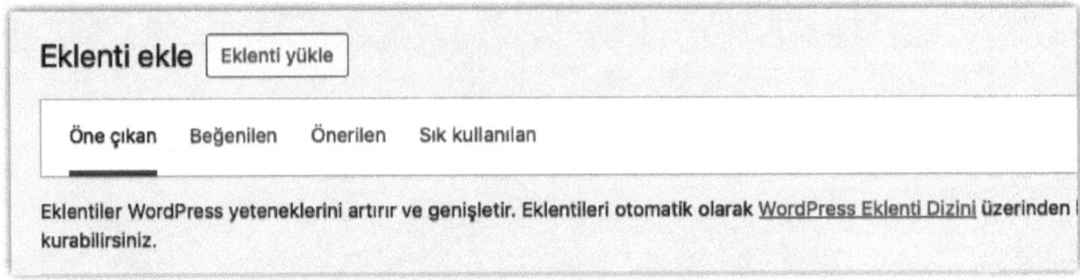

Bir eklentiyi kaldırmak için **Başlangıç > Eklentiler > Yüklü Eklentiler**'e gidin. **Sil** den önce **Etkisizleştir**.

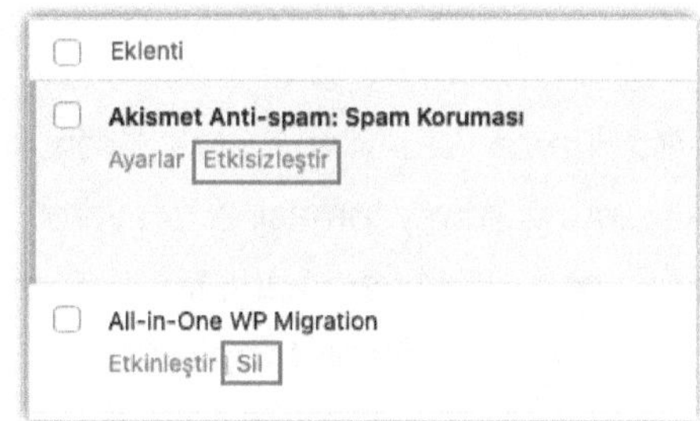

*Contact Form 7 p*ratik bir eklentidir, ancak daha fazla form alanına ihtiyacınız varsa, diğer seçenekleri araştırmayı düşünün. Bir sonraki bölümde daha kapsamlı bir form oluşturmaya hazırlanmak için Contact Form 7'yi devre dışı bırakın ve kaldırın.

Sık kullanılan eklentiler

Sık kullandığınız belirli eklentiler varsa, bunları *WordPress.org*'da **Sık kullanılanlar** olarak işaretleyin. Bu sayede **Başlangıç > Eklentiler > Yeni Eklenti > Sık Kullanılanlar** üzerinden bu eklentileri hızlıca bulabilirsiniz.

Bu özelliğe erişmek için WordPress.org'da bir hesabınız olduğundan emin olun: *http://wordpress.org/support/register.php*.

Bazı faydalı eklentileri tanıtacağım bir sonraki bölüm için bizi izlemeye devam edin.

Akismet

WordPress varsayılan olarak Akismet eklentisi ile birlikte gelir. Ziyaretçilerin yazılara yorum yapmasına izin veren özelliği etkinleştirirseniz, bu eklenti sitenizi spam yorumlara karşı korur. Akismet'i kullanmak için eklentiyi etkinleştirin ve ücretsiz olarak talep edilebilen bir API anahtarı edinin.

Bir API anahtarı talep etmek için şu adresi ziyaret edin: *https://akismet.com/plans*.

Get Personal'ı seçin ve bir sonraki sayfada gerekli ayrıntıları doldurun. **Contribution slider** ı sıfıra ayarlayın ve **Continue** a tıklayın.

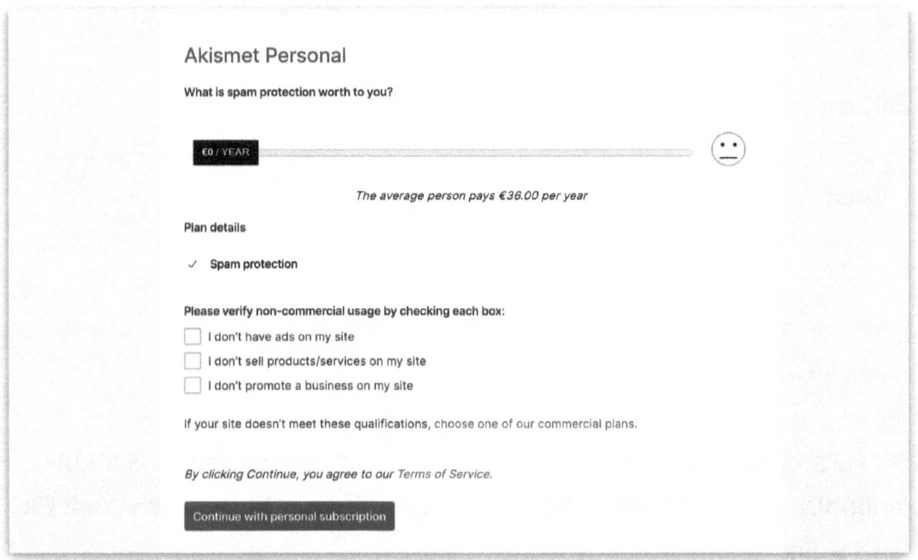

API anahtarınız size e-posta yoluyla gönderilecektir.

Akismet'i Etkinleştirme ve API Anahtarını Girme:

Başlangıç > Eklentiler'e gidin ve Akismet eklentisini **Yükleyin** ve **Etkinleştirin**. Sağlanan pencereye **API** anahtarını girerek Akismet hesabınızı yapılandırın. Kurulum işlemini tamamlamak için **Bağlan** düğmesine tıklayın.

Yapım aşamasında

Bu eklenti yalnızca oturum açmış kullanıcıların web sitenizi görüntülemesine izin verir. Bir Under Construction eklentisi seçerken derecelendirme, kullanılabilirlik ve indirme sayısı dikkate alınmalıdır.

Örnek olarak, **LightStart - Maintenance Mode** eklentisini deneyelim.

Kurulum

1. **Başlangıç > Eklentiler > Yeni eklenti ekle**'ye gidin.
2. Arama alanına *LightStart - Maintenance Mode* yazın.
3. Eklentiyi **yükleyin** ve **etkinleştirin**.

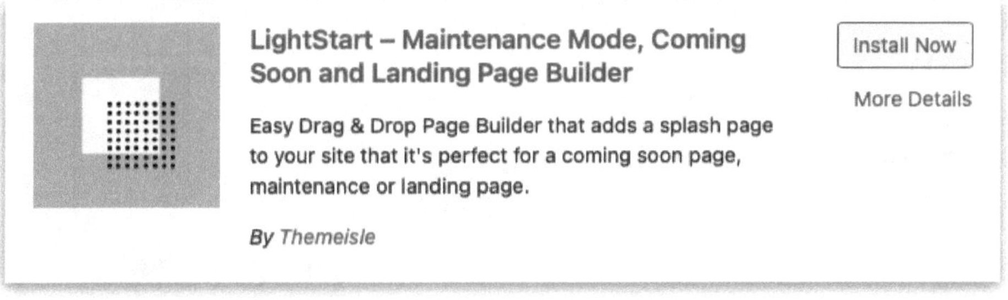

Eklentiyi etkinleştirdikten sonra ücretsiz bir şablon seçebilir ve ayarlarını yapılandırabilirsiniz.

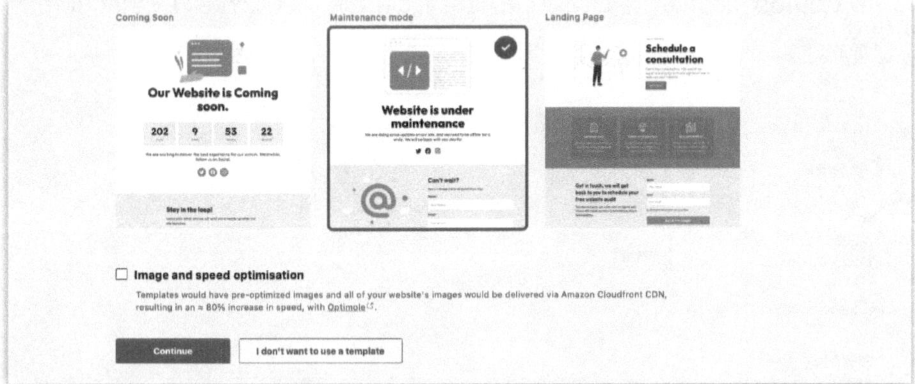

Kullanım

Bir şablon seçtikten sonra, size ayarlar gösterilecektir.

Bu ayarlar **Başlangıç > LightStart** altında bulunabilir.

1. **General** sekmesinde, *Status - Activated/Deactivated* seçeneğini seçin.

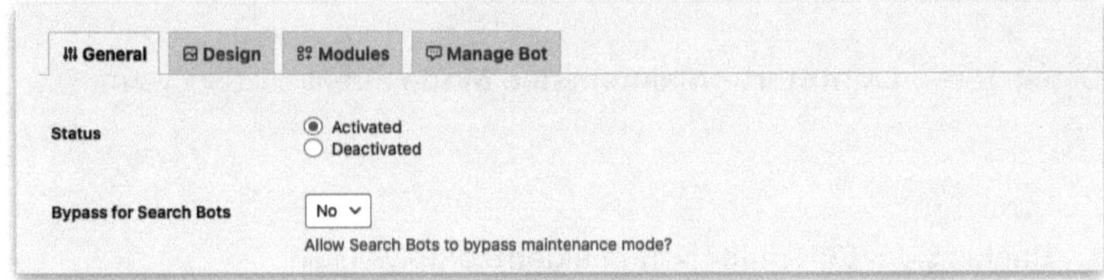

2. **Design** altında, sayfayı düzenleyin veya başka bir şablon seçin.

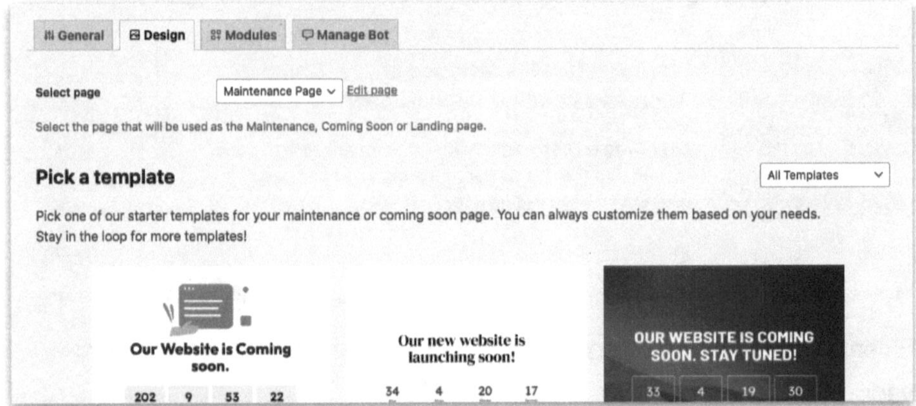

3. **Modules** sekmesine tıklayın. Eklentiyi genişletmek için ek ayarlar göreceksiniz.

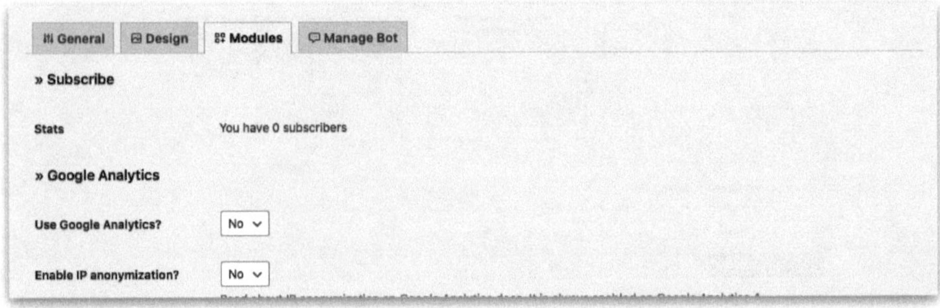

4. **Manage Bot** sekmesine tıklayın. Bu, e-posta adreslerini istemek için çağrı adımlarını ayarlar. **Status - Activated** seçeneğini seçin.

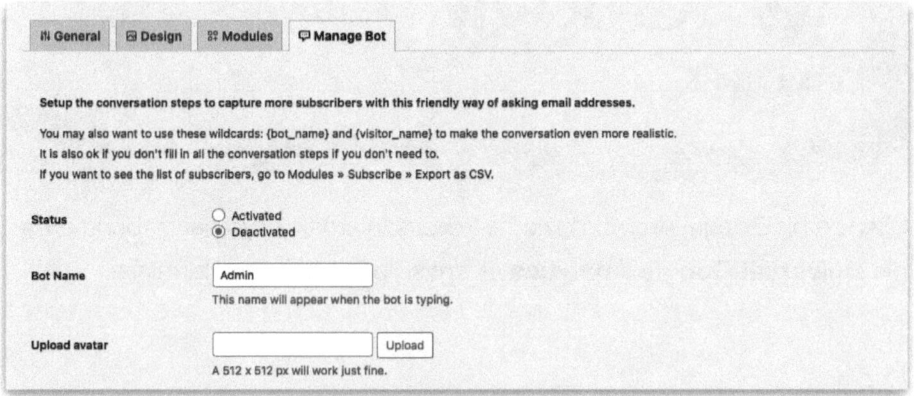

Ardından **Ayarları Kaydet** düğmesine tıklayın.

5. Sitenizi **farklı bir tarayıcıda** görüntüleyin.

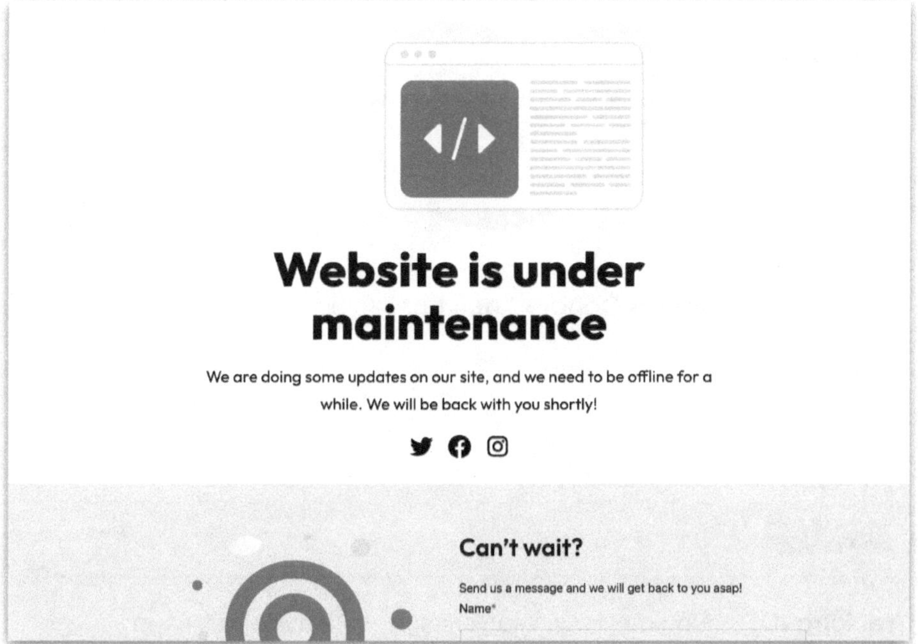

Google analytics

Sitenize bir Google Analytics İzleme kodu sağlamak istiyorsanız, bunu Simple **Universal Google Analytics** eklentisi ile kolayca yapabilirsiniz.

Kurulum

1. **Başlat > Eklentiler > Yeni eklenti ekle**'ye gidin.
2. Arama alanına *Simple Universal Google Analytics* yazin.
3. Eklentiyi **yükleyin** ve **etkinleştirin**.

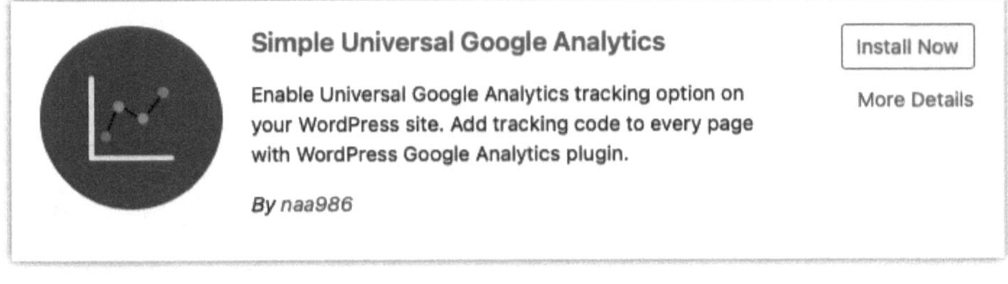

Kullanım

Başlangıç > Ayarlar > Google Analytics'e gidin.

General Settings

Tracking ID   UA-35118216-1

Enter your Google Analytics Tracking ID for this website (e.g UA-35118216-1).

Save Changes

Tracking ID kodunu metin alanına yerleştirin ve **Kaydet**'e tıklayın.

Form

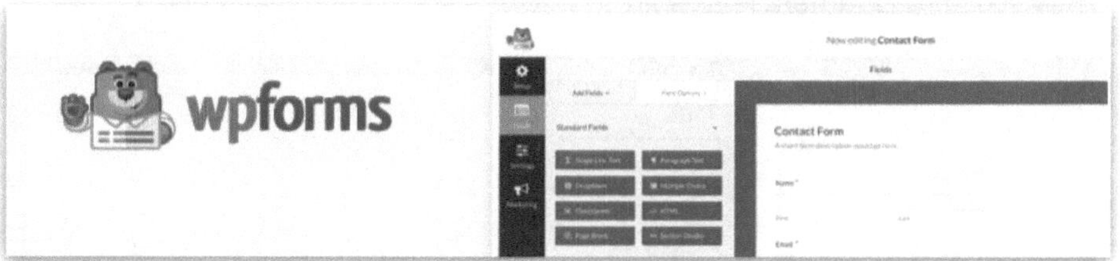

Basit bir form için *Contact Form 7*'yi kullanabilirsiniz. Ancak, ek alanlara ihtiyacınız varsa, **wpforms** eklentisini kullanmayı düşünün.

Kurulum

Başlangıç > Eklentiler > Yeni eklenti ekle'ye gidin.

Arama alanına şunu yazın: *wpforms*. Eklentiyi **yükleyin** ve **etkinleştirin**.

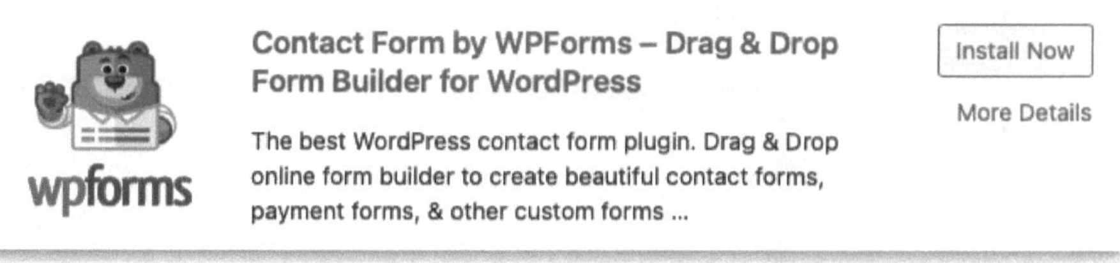

Kullanım

Başlat > WPForms > Yeni Ekle'ye gidin.

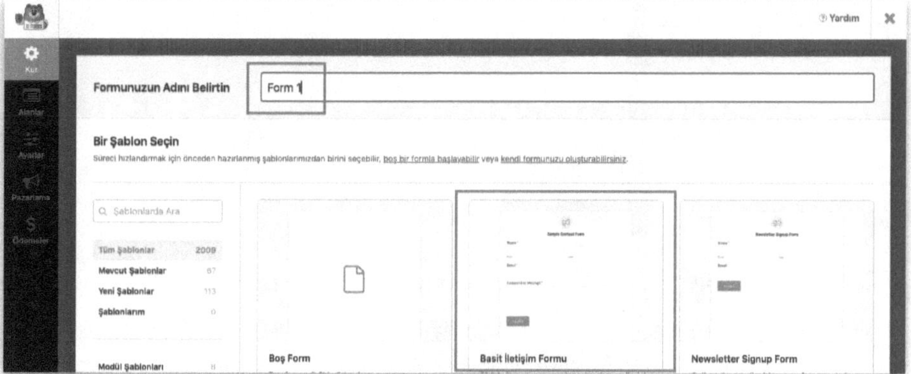

Form adını **form1** olarak girin ve **Simple contact form** seçeneğini seçin.

Formu oluşturduktan sonra, gerektiği kadar ek alan ekleyin.
Onay Kutusu düğmesine tıklayın.

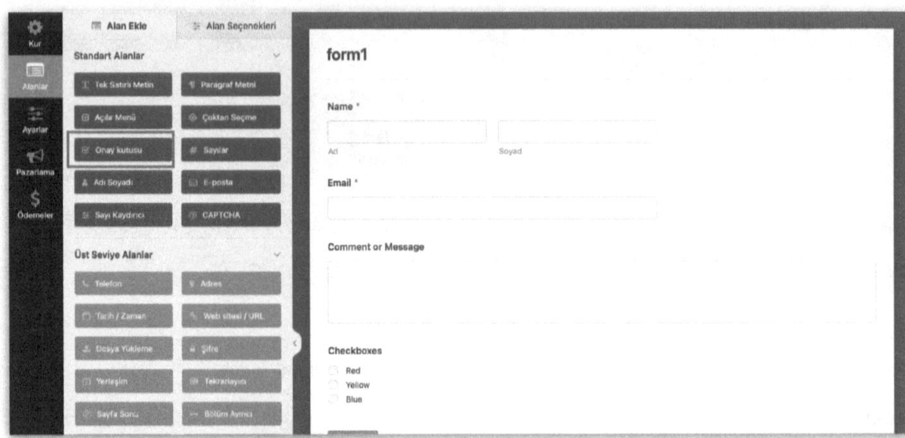

Formdan **Onay Kutusu** seçin.

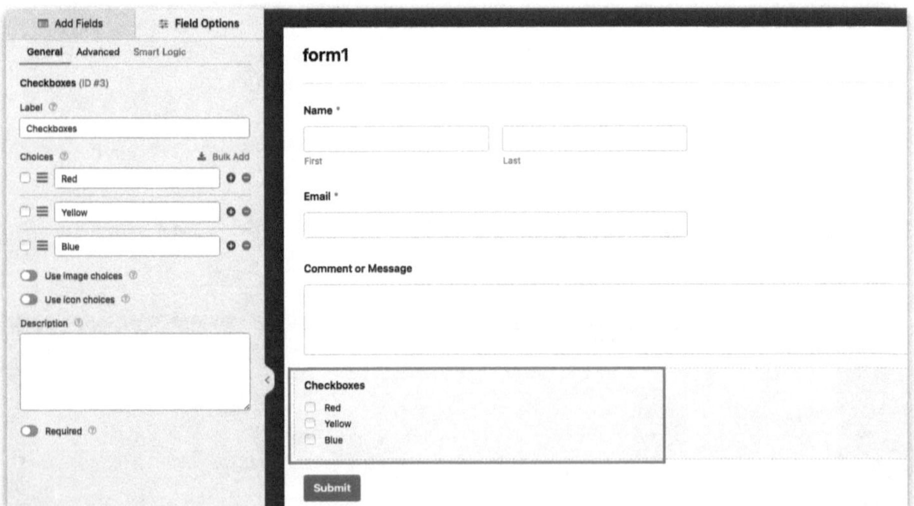

Etiket ve **Seçimler** i özelleştirin. Bu durumda başlık Favori Renk ve seçenekler *Kırmızı*, *Sarı* ve *Mavi*'dir. Seçim alanlarını kaldırıp istediğiniz konuma sürükleyerek yeniden düzenleyebilirsiniz. Sağ üst kısma gidin ve **Kaydet** düğmesine, ardından da **çarpı** (sağ üst) işaretine tıklayın.

Başlangıç > Sayfalar - İletişim'e gidin ve **+** simgesine tıklayın.

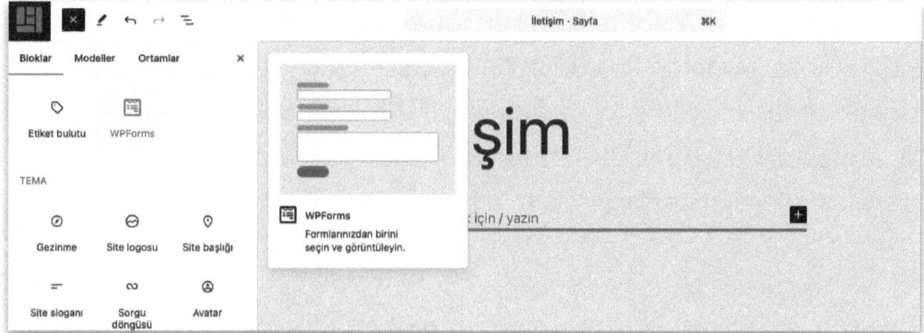

Bloklar > WIDGETS > WPForms'a gidin ve **form1**'i seçin.

Kaydet veya **Güncelle** düğmesine tıklayın ve sayfanızı görüntüleyin.

Form mesajları gelmiyor

Form mesajlarının WordPress'e ulaşmaması, genellikle sunucu ayarlarından kaynaklanan yaygın bir sorun olabilir. Web sitenizden e-postaların güvenilir bir şekilde teslim edilmesini sağlamak için **WP Mail SMTP** eklentisini kullanabilirsiniz. Bu eklenti, SMTP protokolü aracılığıyla e-posta göndermenize olanak tanıyarak mesajların spam olarak işaretlenme olasılığını azaltır.

Kurulum

1. **Başlat > Eklentiler > Yeni eklenti ekle**'ye gidin.
2. Arama alanına *WP Mail SMTP* yazın.
3. Eklentiyi **yükleyin** ve **etkinleştirin**.

Kullanım

Başlangıç > WP Mail SMTP 'ye gidin.

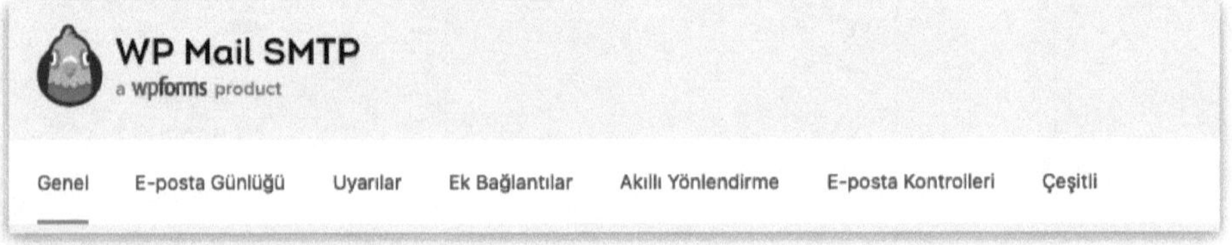

Genel sekmesinde bir Mailer seçeneği belirleyin. Web barındırıcınız tarafından sağlanan e-posta adresini ve SMTP verilerini kullanın.

1. **Gönderen E-Posta Adresi**: e-posta adresi ve gönderen adı.

2. **Posta Gönderici**: *Diğer SMTP* öğesini seçin.

3. **Other SMTP**: ör. *smtp.domainname.com*.

   Şifreleme - Yok.

   Kimlik Doğrulama - AÇIK.

   SMPT Kullanıcı adı ve **Şifresi**.

Değişiklikleri uygulamak için **Ayarları Kaydet** üzerine tıklayın.

WP Mail SMTP kullanarak, form mesajlarının spam olarak işaretlenmeden ziyaretçilerinize güvenilir bir şekilde teslim edilmesini sağlayabilirsiniz.

Medya yönetimini genişletin

Varsayılan WordPress Medya Kitaplığı klasör yapısından yoksundur, tüm medya dosyalarını tek bir pencerede görüntüler ve yalnızca dosya türüne göre seçime izin verir. Ancak **FileBird** eklentisi ile dosyaları klasörler halinde düzenleyebilirsiniz.

FileBird bir Freemium eklentisi olarak mevcuttur, yani ücretsiz (Lite) bir sürüm mevcuttur, ancak sınırlı özelliklere sahiptir. Lite sürümü en fazla 10 klasör oluşturulmasına izin verir.

Kurulum

1. **Başlat > Eklentiler > Yeni eklenti ekle**'ye gidin.
2. Arama alanına *FileBird* yazın.
3. Eklentiyi **yükleyin** ve **etkinleştirin**.

Kullanım

Başlangıç > Ortamlar > Kütüphane'ye gidin.

Bir klasör oluşturmak için + **Yeni Klasör** düğmesine tıklayın.

Görüntüleri yeni oluşturulan klasöre **sürükleyin** ve **bırakın**.

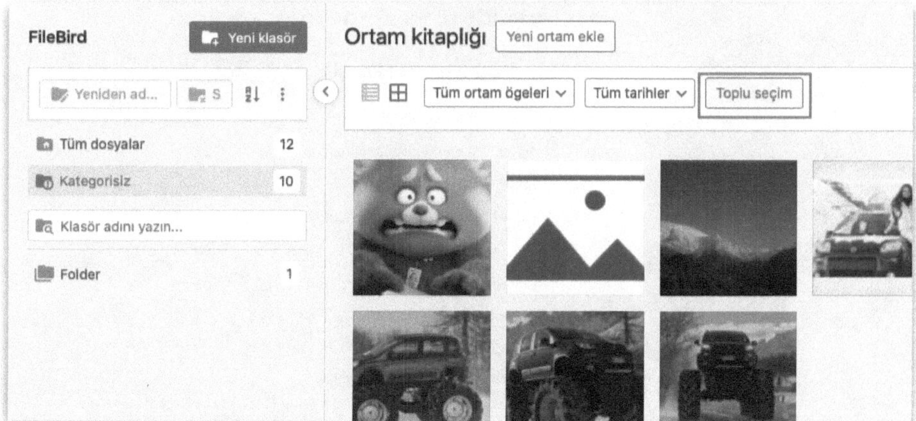

Birden fazla görüntüyü aynı anda bir klasöre taşımak için **Toplu Seçim** düğmesini kullanın.

Alt klasörler oluşturmak basittir: yeni bir klasör oluşturun ve mevcut bir klasörün içine sürükleyin. Bir dosyayı bir klasörden kaldırmak için klasörü seçin ve dosyayı başka bir klasöre veya **Kategori Yok** seçeneğine sürükleyin

FileBird'ün Lite sürümü 10 klasör oluşturulmasına izin verir.

Daha fazla klasöre ihtiyacınız varsa, 39 $ karşılığında Pro sürümüne yükseltmeniz gerekir.

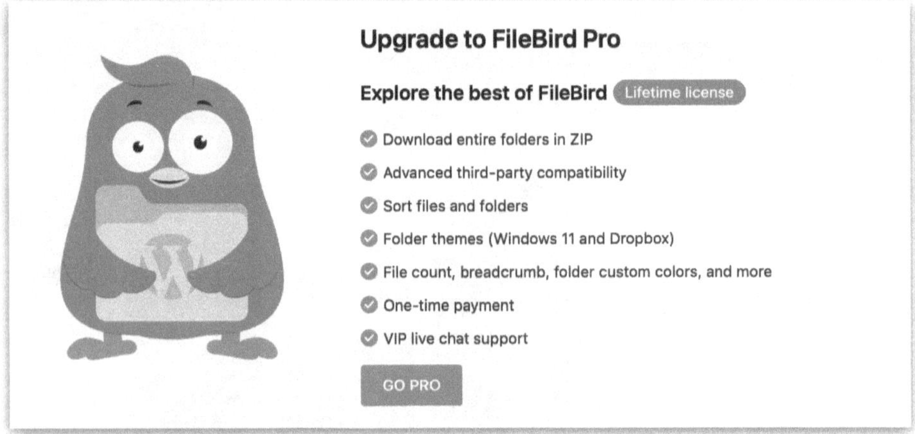

Daha fazla bilgi ve yükseltme için ziyaret edin:

ninjateam.org/wordpress-media-library-folders.

Galeri uzantısı

Standart bir WordPress galerisi oluşturduysanız, galerinize bir Işık Kutusu efekti ekleyen **Simple Lightbox** eklentisini kullanarak işlevselliğini artırabilirsiniz. Bu efekt, kullanıcıların galeri içindeki bir resme tıklayarak büyütülmüş bir versiyonunu görüntülemelerini sağlar. Ek olarak, galeri bir karusel kaydırıcı olarak işlev görür.

Kurulum

1. **Başlat > Eklentiler > Yeni eklenti ekle**'ye gidin.
2. Arama alanına *Simple Lightbox* yazın.
3. **Eklentiyi** Kurun ve **Etkinleştirin.**

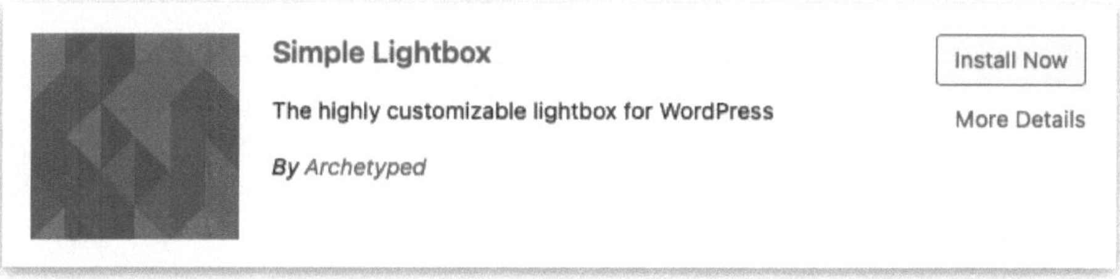

Lightbox efektini bir galeride etkinleştirmek için Galeri bloğu içeren bir sayfaya gidin (*Galeri* bölümüne bakın). Simple Lightbox aynı zamanda görüntüler, düğmeler ve bağlantılarla da çalışarak çeşitli medya türleri için gelişmiş bir görüntüleme deneyimi sağlar.

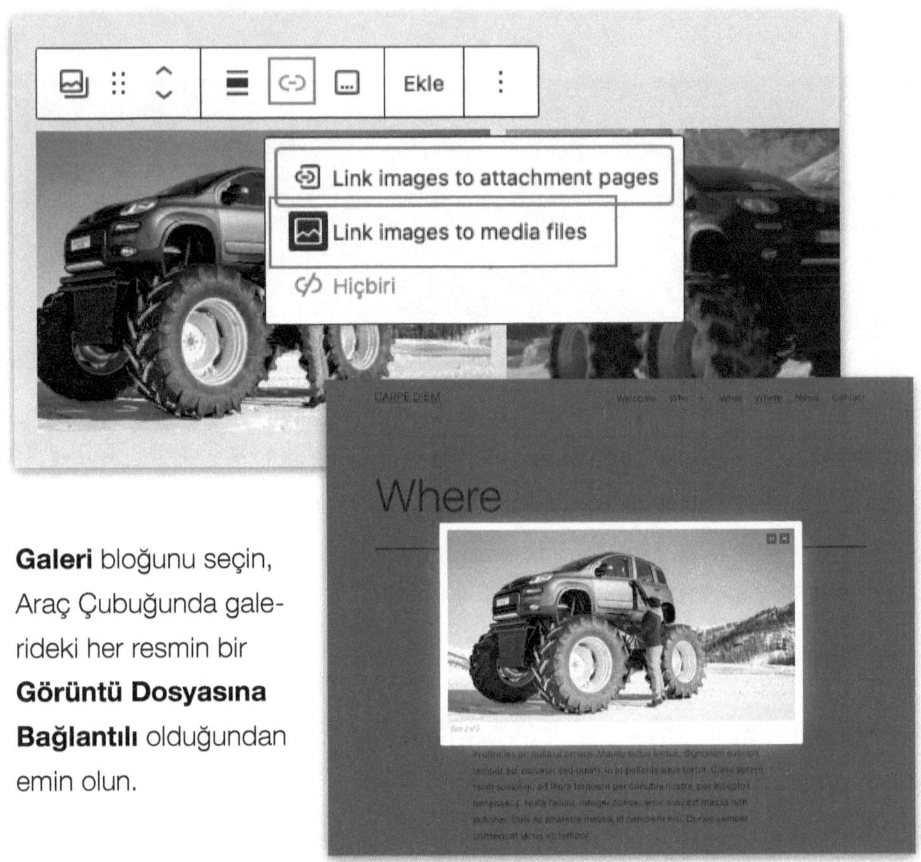

Galeri bloğunu seçin, Araç Çubuğunda galerideki her resmin bir **Görüntü Dosyasına Bağlantılı** olduğundan emin olun.

Bunları yaptıktan sonra ayarlamaları, **Güncelle** düğmesine tıklamayı ve ardından değişiklikleri görmek için sitenizi görüntülemeyi unutmayın.

Daha fazla ayar için **Başlat > Görünüm > Lightbox**.

Sayfanın en altına ilerleyin, burada **Etiketleri** gerektiği gibi çevirebilirsiniz. İşiniz bittiğinde, ayarlarınızı uygulamak için **Değişiklikleri Kaydet** düğmesine tıklamayı unutmayın.

Yükleme dosya boyutunu artırın

WordPress'te varsayılan **maksimum dosya yükleme boyutu** 8 MB tır, bu da filmler gibi daha büyük dosyalar için yeterli olmayabilir. Ancak bir eklenti yardımıyla bu sınırı artırabilirsiniz.

Kurulum

1. **Başlat > Eklentiler > Yeni eklenti ekle**'ye gidin.
2. Arama alanına Increase *Maximum Upload File Size* (Imagify) yazın.
3. Eklentiyi **yükleyin** ve **etkinleştirin**.

Increase Maximum Upload File Size

Increase maximum upload file size limit to any value. Increase upload limit - upload large files.

By Imagify

Install Now

More Details

Kullanım

Başlangıç > Ayarlar > Increase Maximum Upload File Size'a gidin. İstediğiniz değeri seçin, örneğin **64MB**.

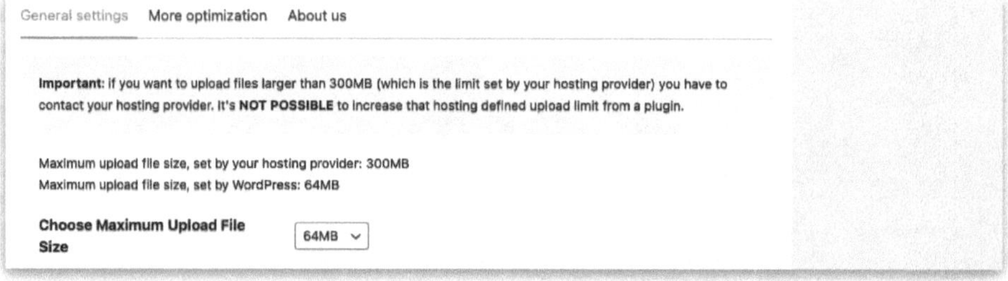

General settings　　More optimization　　About us

Important: if you want to upload files larger than 300MB (which is the limit set by your hosting provider) you have to contact your hosting provider. It's **NOT POSSIBLE** to increase that hosting defined upload limit from a plugin.

Maximum upload file size, set by your hosting provider: 300MB
Maximum upload file size, set by WordPress: 64MB

Choose Maximum Upload File Size　　64MB ⌄

Değişiklikleri **Kaydet**'e tıklayın ve yükleme boyutunu doğrulayın.

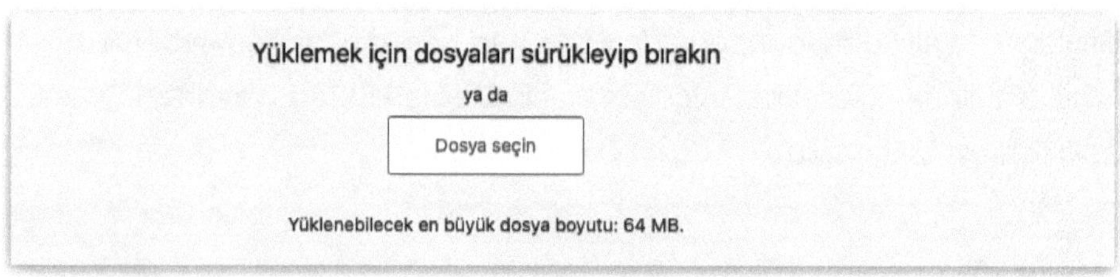

Yüklemek için dosyaları sürükleyip bırakın

ya da

Dosya seçin

Yüklenebilecek en büyük dosya boyutu: 64 MB.

Özel sidebar lar

Kullanıcılar genellikle farklı "sidebars" kullanımı hakkında sorular sorarlar. *Custom Sidebars* eklentisi, farklı widget setleriyle birden fazla kenar çubuğu oluşturmanıza olanak tanıyarak bu ihtiyacı karşılar..

Not: Eklenti, Gutenberg Widget Blok Düzenleyicisi ile uyumlu değildir. Bu nedenle, **Custom Sidebars** kullanmadan önce **Classic Widgets** eklentisini (*WordPress Contributors*'tan) yüklemeniz önerilir.

🔥 **IMPORTANT** 🔥

Custom Sidebars plugin is NOT compatible with the new widgets edit screen (powered by Gutenberg). Install the official <u>Classic Widgets</u> plugin if you want to continue using it.

Kurulum

Başlat > Eklentiler > Yeni eklenti ekle'ye gidin. Arama alanına *Widget Block Editor* yazın. Eklentiyi **yükleyin** ve **etkinleştirin**. Ardından *Custom Sidebars* eklentisini **yükleyin** ve **etkinleştirin**.

Kullanım

Başlangıç > Görünüm > Bileşenler'ye gidin.

+ Create a new sidebar seçeneğine tıklayın.

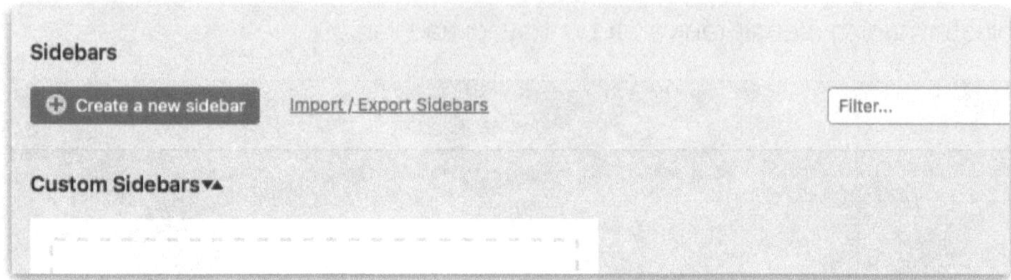

Yeni kenar çubuğu için bir **Name** ve **Description** girin.

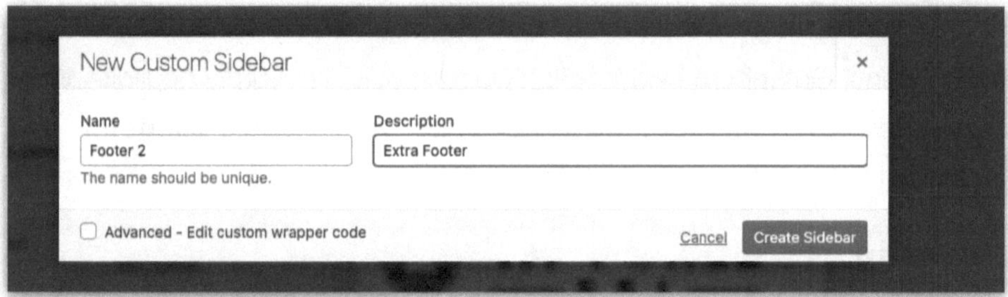

Ardından **Create Sidebar** düğmesine tıklayın.

Footer 2 gibi yeni oluşturulan kenar çubuğuna istediğiniz bileşenleri ekleyin.

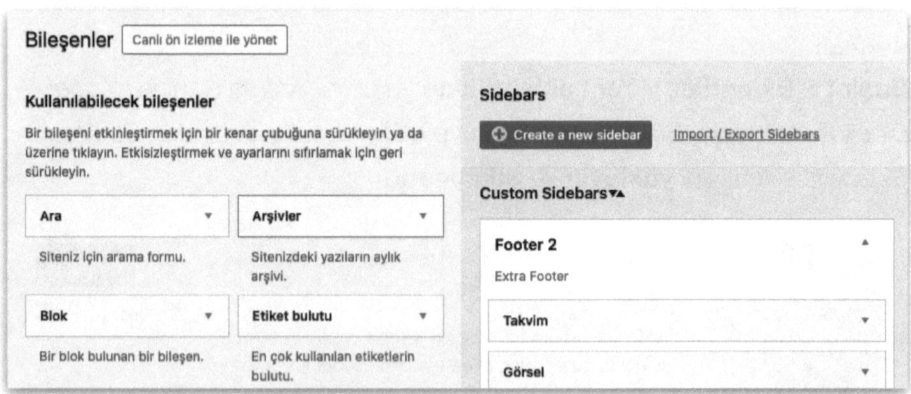

Değişiklikleri kaydetmeye gerek yoktur.

Başlangıç > Sayfalar'a gidin ve yeni kenar çubuğu ile ilişkilendirilecek bir sayfa seçin. Kenar Çubukları bölümünde **Footer 2** yi seçin. Değişiklikleri kaydetmek için **Güncelle** düğmesine tıklayın.

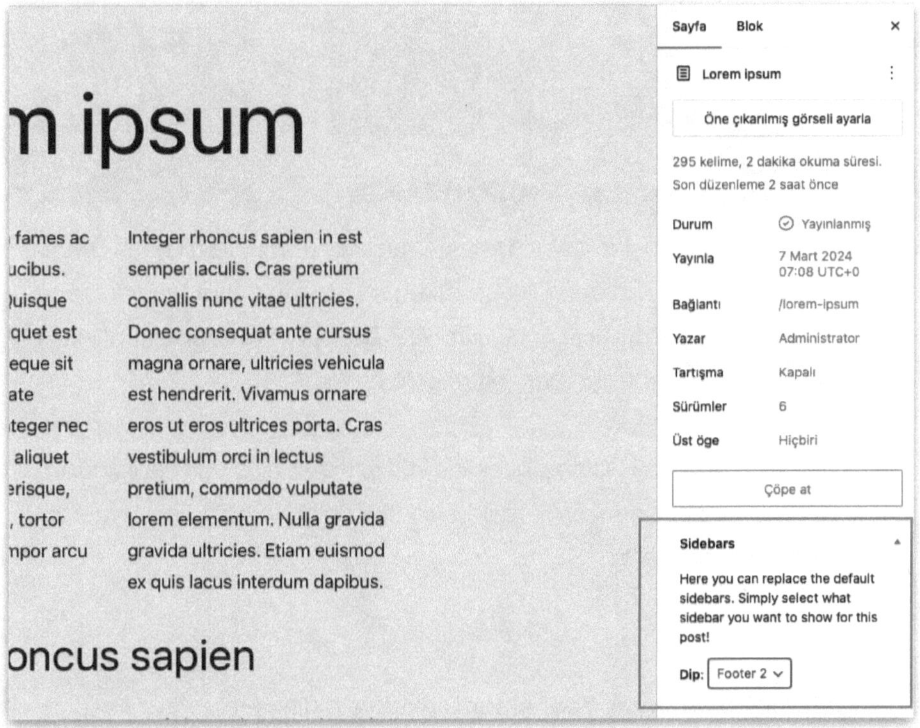

Sayfanın menüye dahil edildiğinden emin olun. Siteyi görüntüleyin ve yeni kenar çubuğunu çalışırken görmek için ilgili menü öğesine tıklayın.

Özel başlık görseli

Temanızın başlık özelleştirmesini desteklemesi koşuluyla, farklı başlık resimleri ekleyerek web sitenizi daha da geliştirebilirsiniz. Bu özellikten yararlanmak için **Maxwell** temasını etkinleştirin. **WP Display Header** eklentisi, Custom Sidebars eklentisine benzer şekilde çalışır.

Bir Sayfa veya Yazıdan ilgili başlığı belirleyebilirsiniz. Sayfa yüklendiğinde, başlık buna göre değişecektir. Ancak, eklentinin blok temalar için uygun olmadığını lütfen unutmayın.

Kurulum

1. **Başlat > Eklentiler > Yeni eklenti ekle**'ye gidin.
2. Arama alanına *WP Display Header* yazın.
3. Eklentiyi **yükleyin** ve **etkinleştirin**.

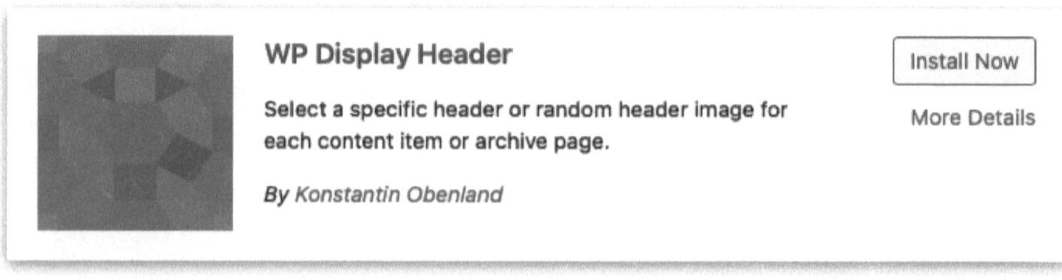

Önemli: Özel başlıkları destekleyen bir **Klasik temayı** etkinleştirdiğinizden emin olun.

Yeni üst bilgi resimlerini içe aktarma

Başlangıç > Ortamlar'ye gidin.

Yeni Medya Dosyası Ekle üzerine tıklayın.

Yeni ortam yükle

Yüklemek için dosyaları
sürükleyip bırakın

ya da

Dosya seçin

Çoklu dosya yükleyicisini kullanıyorsunuz. Sorun mu yaşıyorsunuz? Bir de tarayıcı yükleyicisini deneyin.

Birkaç başlık resmini içe aktarın.

İpucu: Tüm başlık resimlerinin aynı yükseklikte olduğundan emin olun.

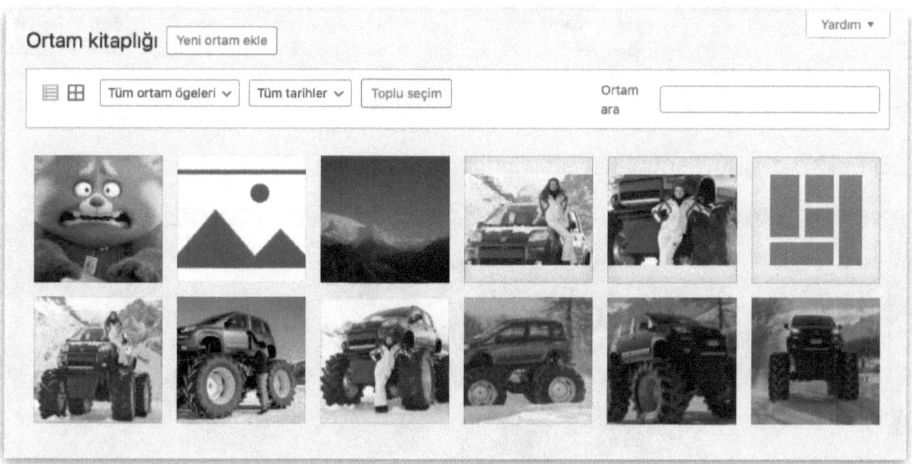

Maxwell teması, bir başlığın 1200 × 400 piksel olması gerektiğini belirtir.

Yükledikten sonra, mükemmel bir uyum sağlamak için yine de bir görüntüyü kırpabilirsiniz.

Başlangıç > Görünüm > Üst bilgi'ye gidin.

Yeni görsel ekle ye tıklayın ve yeni üst bilgi resminizi seçin.

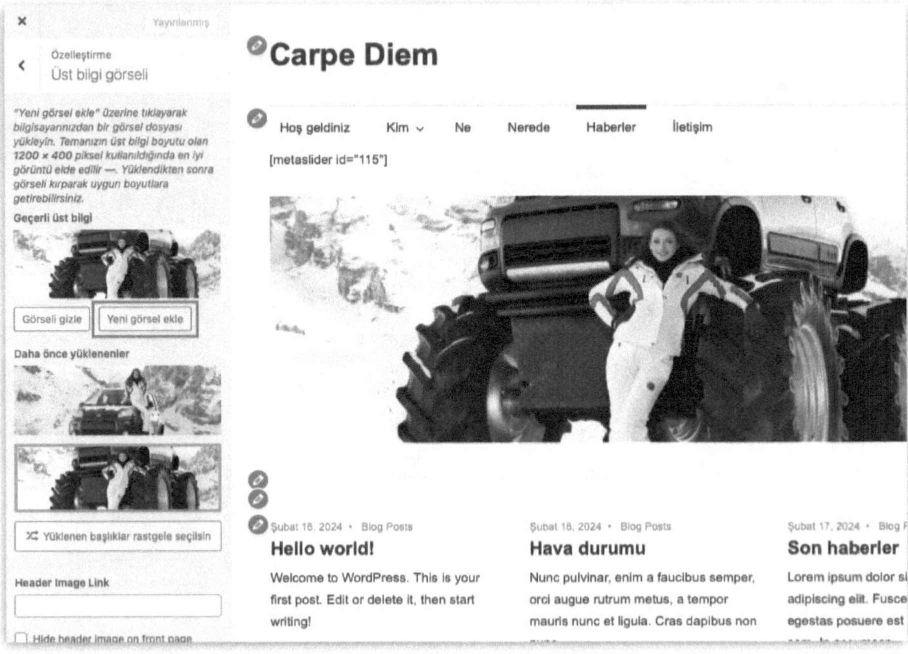

Gerekirse başlık resmini kırpabilirsiniz.

Bu durumda, **Seç ve kırp** düğmesine tıklayın. Yeni eklenen başlıklar sol sütunda görünecektir. Ayrıca, yeni bir resmi seçerek varsayılan başlık olarak ayarlama seçeneğiniz de vardır. Başlıklarınızın rastgele görüntülenmesini de seçebilirsiniz. Seçiminizden memnun kaldığınızda **Yayınla** düğmesine tıklayın.

Başvurmak

Başlangıç > Sayfalar'ye gidin. İstediğiniz sayfaya tıklayın. Sayfanın altındaki **Başlık** bölümünde ilgili başlığı seçin.

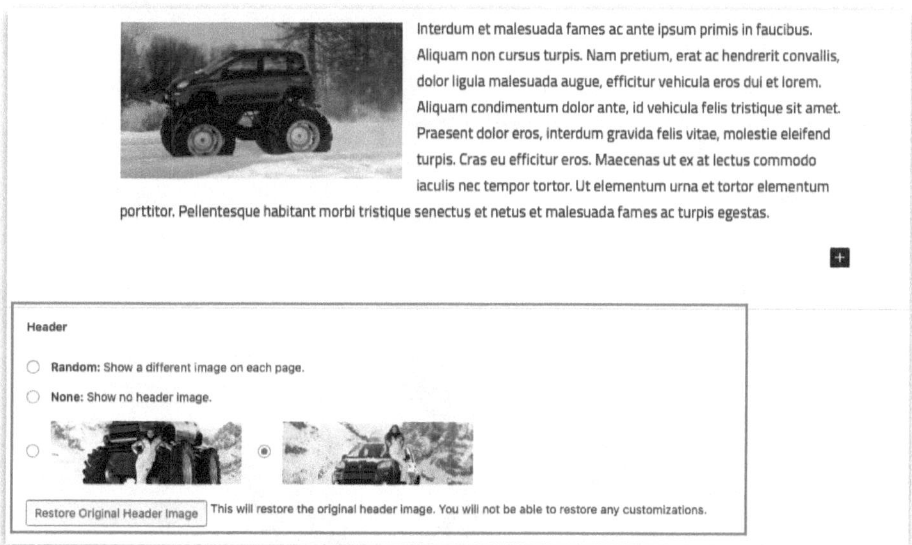

Ardından **Güncelle** düğmesine tıklayın. Sayfa menüye dahil edilmişse, ziyaretçi üzerine tıkladığında yeni başlık görüntülenecektir.

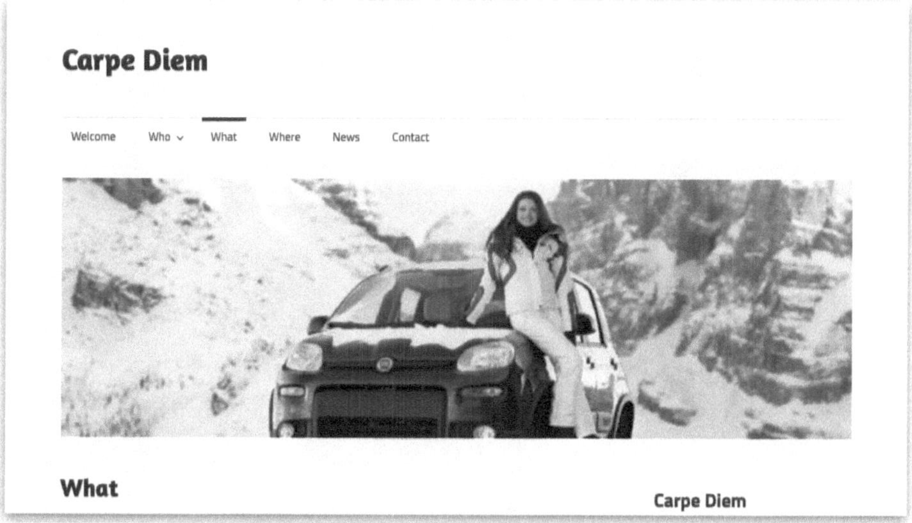

YEDEKLEME

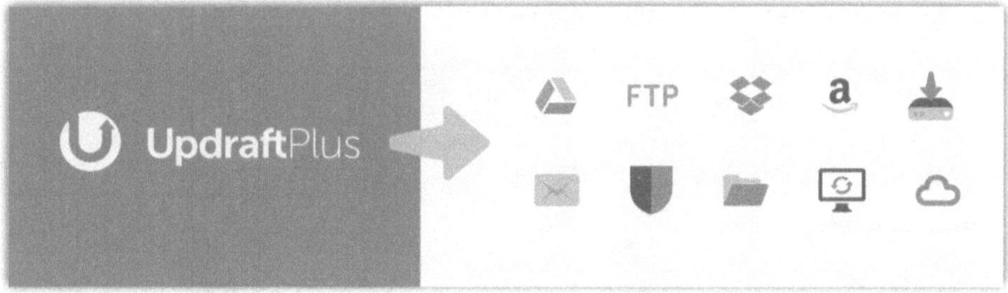

Web barındırıcıları genellikle düzenli web sitesi yedeklemeleri sunsa da, yalnızca buna güvenmek istemiyorsanız, **UpdraftPlus WordPress Backup** Eklentisini kullanabilirsiniz. Bu eklenti ile kendi şartlarınıza göre kolayca ve hızlıca yedekleme oluşturabilir ve gerektiğinde önceki kaydedilmiş sürümlere rahatça geri dönebilirsiniz.

Eklentinin ayarlarını kullanarak, ister bulutta ister bilgisayarınızda olsun, yedeklerinizi nerede saklayacağınızı seçme esnekliğine sahipsiniz.

Kurulum

1. **Başlat > Eklentiler > Yeni eklenti ekle**'ye gidin.
2. Arama alanına *UpdraftPlus WordPress Backup* yazın.
3. Eklentiyi **yükleyin** ve **etkinleştirin**.

Kullanım

Başlangıç > UpdraftPlus'ye gidin. Manuel bir yedekleme gerçekleştirmek için **Şimdi yedekle** düğmesine tıklayın.

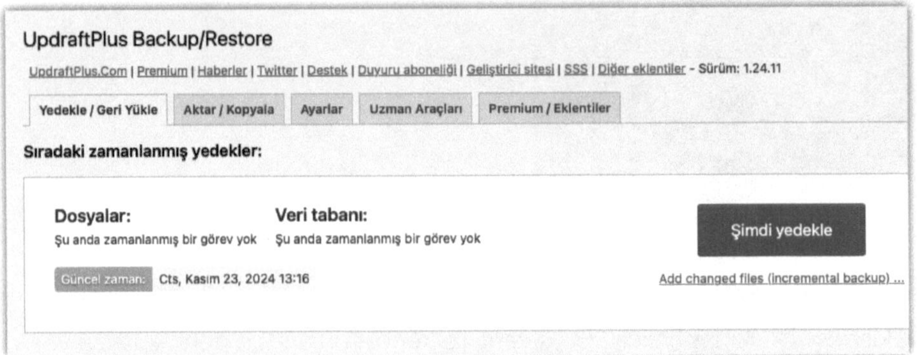

Veritabanınızın ve WordPress dosyalarınızın yedeğinin alınmakta olduğunu belirten bir açılır pencere görünecektir. Bu yedekleme için manuel silme ayarını seçebilirsiniz.

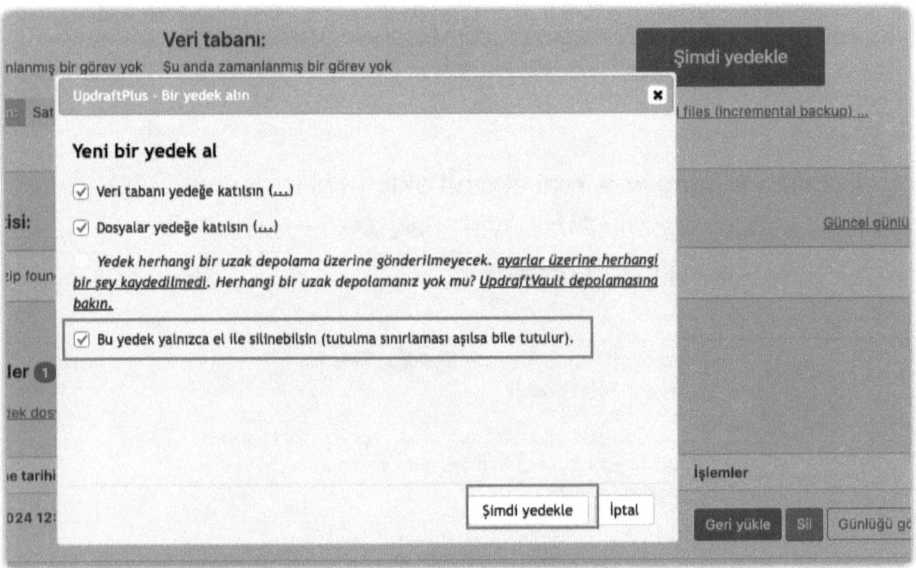

Yedekleme işlemini başlatmak için **Back Up Now** düğmesine tıklayın.

Yedeğiniz artık kaydedilmiştir. Önceki bir sürüme geri yüklemeniz gerekirse, **Restore** düğmesini kullanmanız yeterlidir.

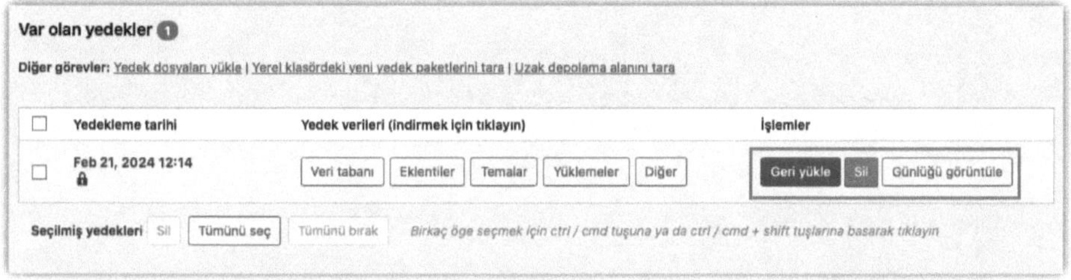

Yedeklemenizi yerel olarak veya bulutta kaydetmeyi tercih ediyorsanız, **Ayarlar** sekmesine gidin. Burada, bir sonraki yedeklemeniz için konum belirleyebilirsiniz.

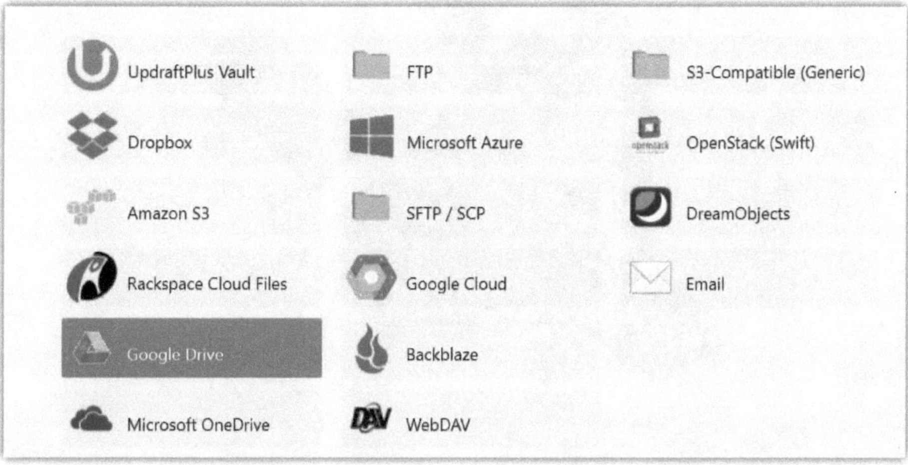

Ücretsiz sürümün yalnızca manuel yedeklemeleri desteklediğini lütfen unutmayın. Otomatik yedeklemeler ve ek özellikler için Premium sürüme yükseltmeyi düşünebilirsiniz. Daha fazla bilgi için ziyaret edin: *https://updraftplus.com*.

GÜVENLİ SİTE

WordPress genellikle güvenli ve kapsamlı bir şekilde test edilmiş bir platformdur. Bununla birlikte, genellikle web barındırıcılarındaki güvenlik sorunları, eklentilerdeki açıklar, zayıf oturum açma bilgileri veya eski WordPress sürümleri nedeniyle zaman zaman bilgisayar korsanlığı olayları meydana gelebilir.

Sitenizin güvenliğini artırmak için, olası güvenlik açıklarını gidermek, otomatik saldırıları engellemek ve giriş sürecini güçlendirmek için tasarlanmış bir eklenti olan **Solid Security**'yi kullanabilirsiniz.

Kurulum

1. **Başlat > Eklentiler > Yeni eklenti ekle**'ye gidin.
2. Arama alanında *Solid Security* için arama yapın.
3. Eklentiyi **yükleyin** ve **etkinleştirin**.

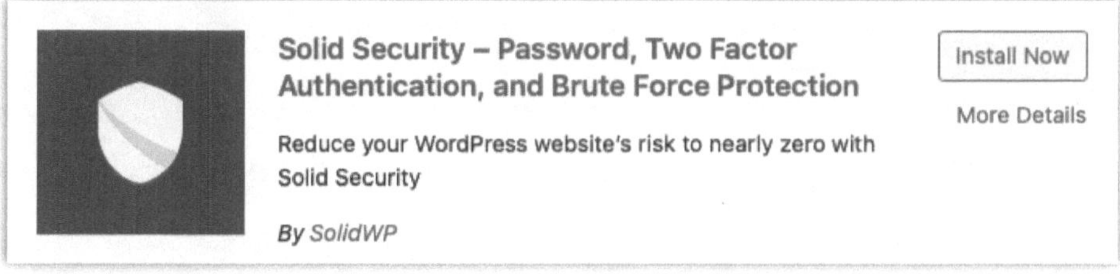

Başlangıç > Security'e gidin. Yapılandırma sürecini takip edin. Sitenizin ihtiyaçlarına en uygun seçenekleri seçin.

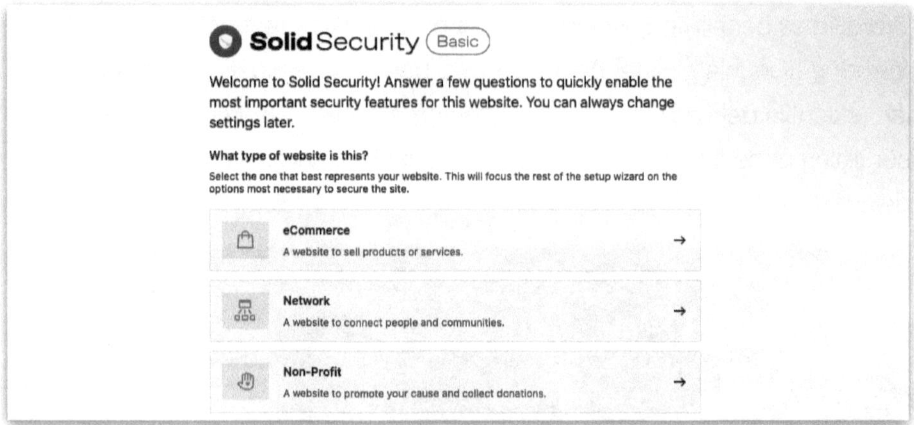

Sitenize özel temel güvenlik özelliklerini etkinleştirmek için birkaç soruyu yanıtlayın. Yapılandırıldıktan sonra ayarlarınıza genel bir bakış göreceksiniz.

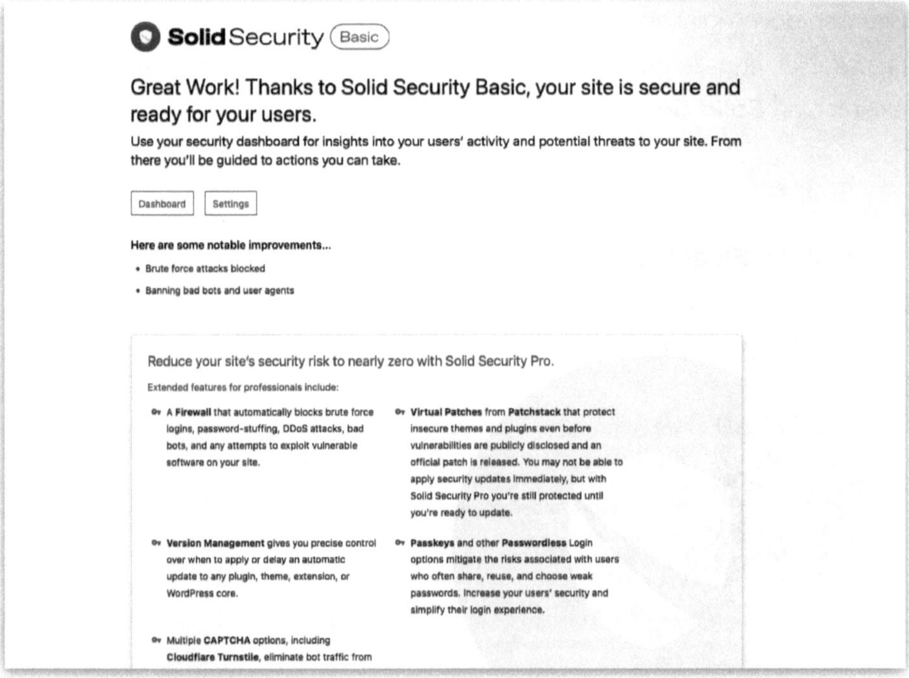

Ek özellikleri keşfetmek için **Başlangıç > Security > Settings**'a gidin.

Features > Firewall Duvarı altında **Network Brute Force Protection** nı etkinleştirin.

Güvenlik özelliklerinin kullanımı hakkında daha fazla açıklama için **Help** düğmesini kullanın.

Belirli işlevleri etkinleştirmek için **Enable** düğmesine tıklayın ve seçenekleri gerektiği gibi yapılandırın.

Gelişmiş güvenlik özelliklerine ihtiyacınız varsa, eklentinin Pro sürümüne yükseltmeyi düşünün. Pro sürümü kapsamlı güvenlik önlemleri ve destek sunar. Fiyatlandırma 99$'dan başlamaktadır.

Daha fazla bilgi için ziyaret edin: *https://solidwp.com/security*.

YEREL BIR SITEYI INTERNETE TAŞIMA

Bilgisayarınızda yerel bir WordPress sitesi oluşturduysanız (örneğin LOCAL ile) ve şimdi bunu çevrimiçi hale getirmek istiyorsanız, All-in-One WP Migration eklentisi web sitenizi sorunsuz bir şekilde taşımanıza yardımcı olabilir.

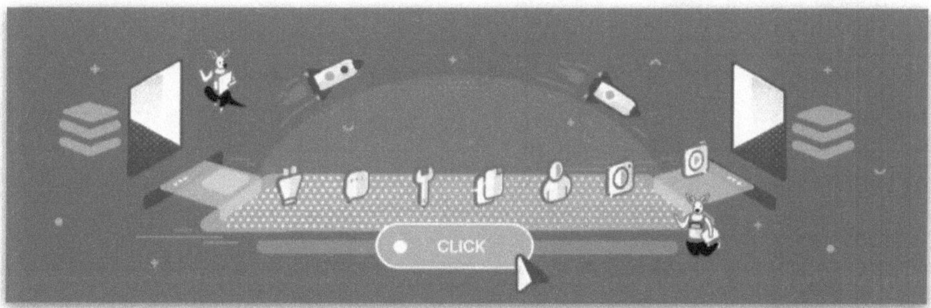

Bu kılavuzda, yerel bir WordPress sitesini **dışa aktarma** ve ardından çevrimiçi bir WordPress sitesine **içe aktarma** işlemlerini gerçekleştireceğiz. Bu yöntem tersine de çalışır. Web sitesini dışa aktarmak için kullanılan dosyanın aynı zamanda bir yedekleme görevi gördüğünü unutmamak önemlidir.

Kurulum

1. **Başlat > Eklentiler > Yeni eklenti ekle**'ye gidin.
2. Arama alanında *All-in-One WP Migration* için arama yapın.
3. Eklentiyi **yükleyin** ve **etkinleştirin**.

All-in-One WP Migration

Move, transfer, copy, migrate, and backup a site with 1-click. Quick, easy, and reliable.

By ServMask

Install Now

More Details

Siteyi Dışa Aktarma

1. **Başlangıç > All-in-One WP Migration**'ye gidin.
   Dışa Aktarim düğmesine tıklayın ve **Dosya** seçeneğini seçin.

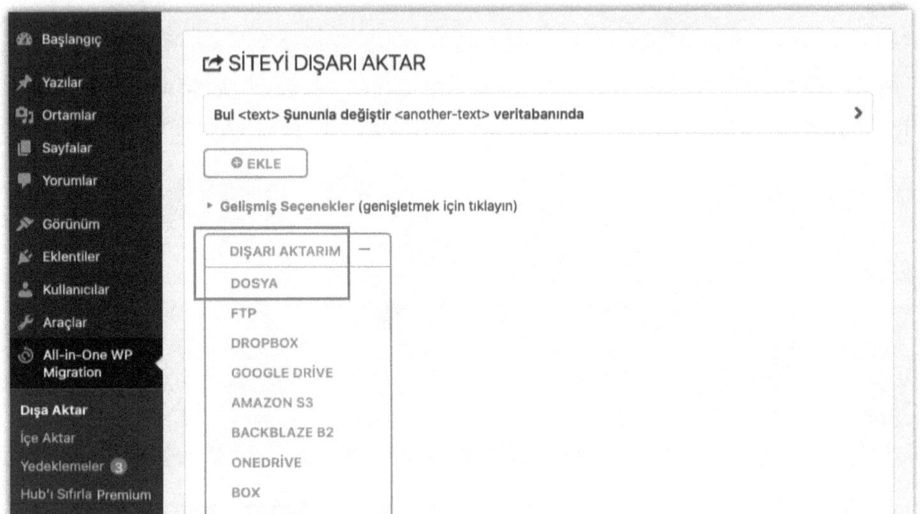

2. Sistem siteyi tararken bekleyin.

3. Tarandıktan sonra yeşil renkli **İNDİR** düğmesine tıklayın.

4. **.wpress** uzantılı dışa aktarma dosyası İndirilenler klasörünüzde bulunacaktır.

Siteyi içe aktarma

1. Web barındırma platformunuza (ör. IONOS) erişin ve Uygulamalar yükleyicisini kullanarak yeni bir WordPress sitesi yükleyin.

2. **All-in-One WP Migration** eklentisini yeni WordPress sitesine kurun ve etkinleştirin.

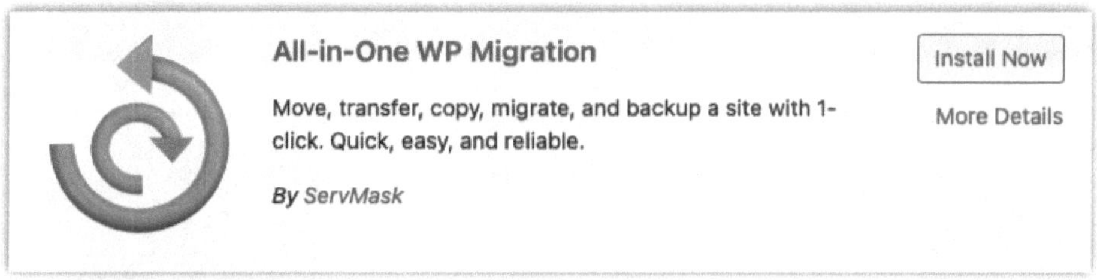

3. **Başlangıç > All-in-One WP Migration > içe aktarma**'ye gidin.
4. **İÇERİ AKTARMA FORMU** üzerine tıklayın ve **Dosya** seçeneğini seçin. **.wpress** dosyasını seçin veya yükleme kutusuna sürükleyip bırakın.

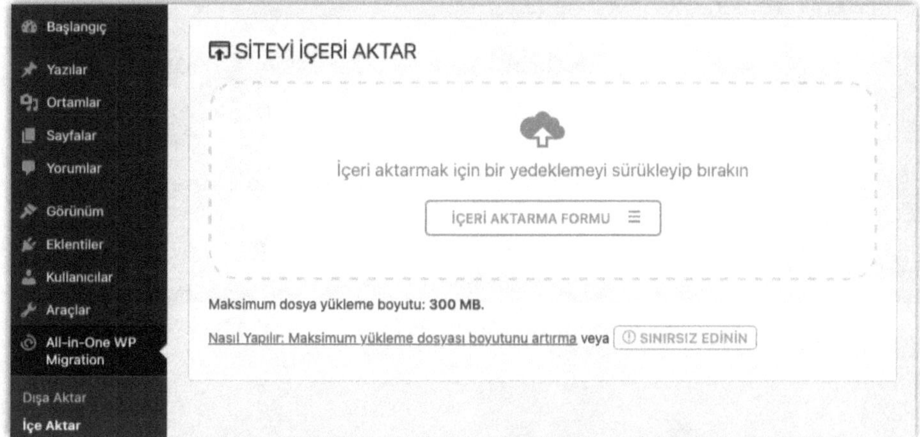

İpucu: Siteniz doğrudan içe aktarılamayacak kadar büyükse, **All-in-One WP Migration Import** eklentisini de yükleyebilirsiniz. Bu eklentiyi şu adresten indirebilirsiniz: https://import.wp-migration.com.

5. Kurulum süreci devam etmektedir.

6. İçe aktarıldıktan sonra bir mesaj göreceksiniz. **İlerle** düğmesine tıklayın.

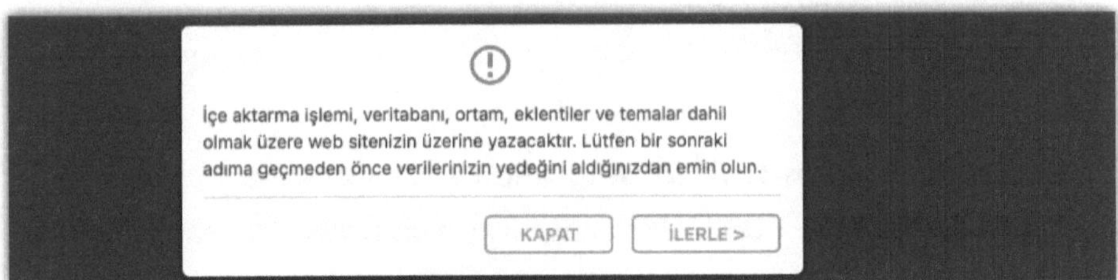

7. Siteniz (veriler) başarıyla içe aktarıldı!

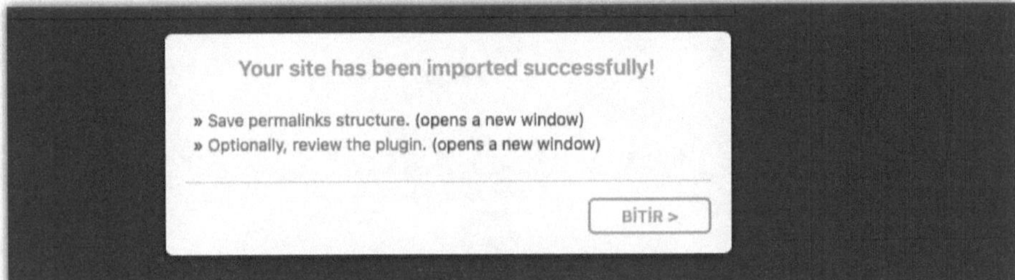

8. Verilen ek talimatları izleyin.

9. **Not!** İçe aktarılan sitenizdeki oturum açma kimlik bilgilerini kullanın.

10. **Başlangıç > Ayarlar > Kalıcı bağlantılar**'a gidin. **Yazı Adı** ayarını seçin.

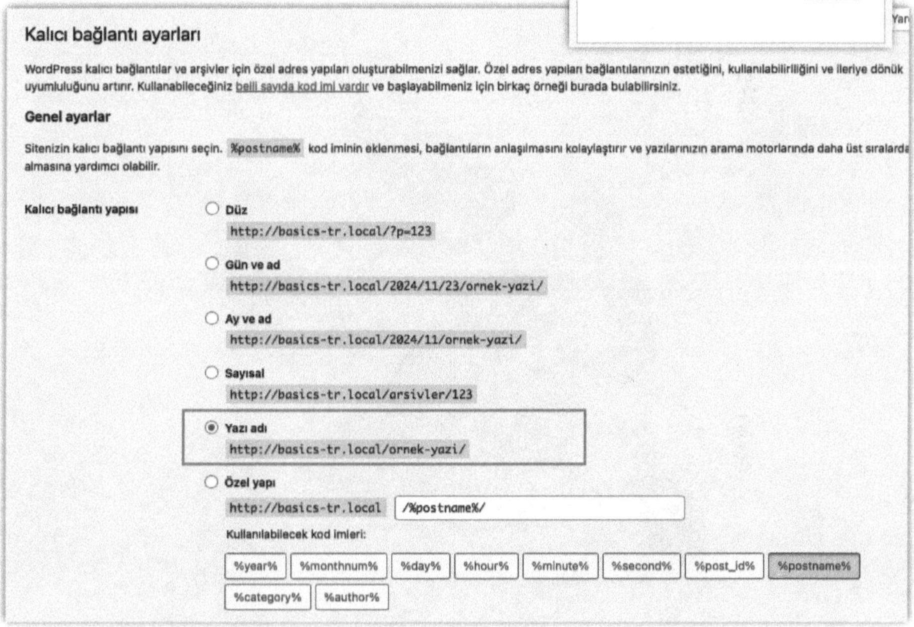

11. **Değişiklikleri Kaydet** düğmesine tıklayın.

Tebrikler! WordPress siteniz başarıyla içe aktarıldı.

Sitenizin yedeği olarak kullanmak üzere değişiklik veya güncelleme yaptıktan sonra düzenli olarak bir **.wpress** dosyasını dışa aktarmayı unutmayın.

SEARCH ENGINE OPTIMIZATION

Arama Motoru Optimizasyonu (SEO), web sitenizin arama motorları tarafından kolayca keşfedilebilir olmasını sağlamak için çok önemlidir.

Mevcut en popüler SEO eklentilerinden biri **Yoast SEO**'dur.

Kurulum

1. **Başlat > Eklentiler > Yeni eklenti ekle**'ye gidin.
2. *Yoast SEO* için arama yapın.
3. Eklentiyi **yükleyin** ve **etkinleştirin**.

Kullanım

Etkinleştirmeden sonra Yoast SEO, sitenizin SEO'sunu geliştirmek için çok sayıda seçenek sunar. Ayrıntılı rehberlik için, oluşturucu tarafından sağlanan çevrimiçi kılavuza bakın: https://yoast.com/wordpress-seo.

Permalinks

Başlat > Ayarlar > Kalıcı Bağlantılar yolunu izleyerek ve **Yazı Adı** seçeneğini belirleyerek Kalıcı Bağlantıları özelleştirin.

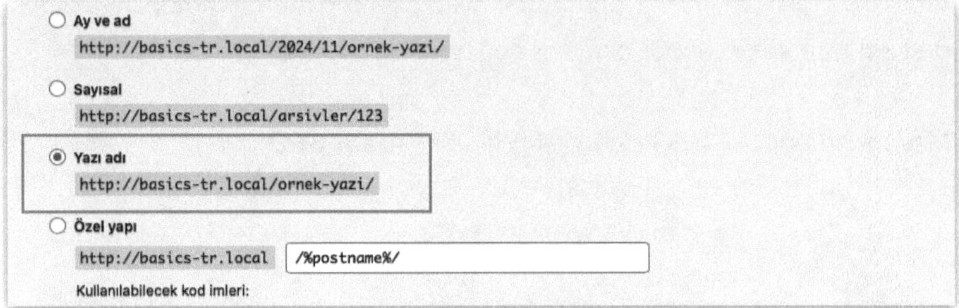

WWW ya da WWW yok

www.site.com ve **site.com** Google için de iki farklı URL'dir.

Web sitenizin www kullanıp kullanmadığını nasıl anlarsınız? Adresinizi önünde www olmadan yazın. Site adres çubuğunda www ile yüklüyse, www içeren bir URL adresi seçin. Adreste www yoksa ve olmasını istiyorsanız, web barındırıcınızla iletişime geçin.

Başlangıç > Ayarlar > Genel'ye gidin.

(URL)'de www kullanıp kullanmadığınızı göreceksiniz.

SEO Kuralları

Familiarize yourself with SEO rules before proceeding. If you follow these rules, you increase the chances of your website being indexed properly by search engines. However, a plugin cannot guarantee this result; it only ensures that your content meets certain criteria.

Web sitesi başlığı ve sayfaları

Bulunmanın önemli bir parçası da **site** ve **sayfa başlıklarınız** dır. Bunlar tarayıcının üst kısmında ve Google'da bağlantı metni olarak görüntülenir.

https://wp-books.com › wordpress › basics

WordPress Basics - WP Books

This book describes how to install and configure a WordPress site. You will be introduced to the Dashboard (management environment). Then you will create content with Posts and Pages. Furthermore, you will learn how to create a Navigation and Social menu. And how to install and...

WordPress Advanced
Binding: Paperback Distribution Form: Book (print, print) Size: 145mm x 210m...

WordPress
WordPress - WordPress Basics - WP Books

- Başlıklar en fazla 65 karakter (boşluklar dahil) içerebilir.
- Bir harekete geçirici mesaj ekleyin veya bir soru sorun.
- En önemli anahtar kelimenizi en başa yerleştirin.

Meta açıklama

Bulunmanın bir diğer bileşeni de sitenin **açıklaması** ve altta yatan sayfalar. Bu, başlığın altında Google ile görüntülenir.

- Sitenin/sayfanın kısa açıklaması.
- Açıklama en fazla 150 karakter (boşluklar dahil) içerebilir.
- Tıklama Oranını (CTR) artırmayı hedefleyin.
- Anahtar kelimeler kullanın.
- Tam cümleler gerekli değildir.

Meta anahtar kelimeler

Seçiminizi 10 anahtar kelime veya anahtar kelime kombinasyonuyla sınır-
layın. Google meta anahtar kelimeleri görmezden gelse de, diğer arama
motorları bunları dikkate alır.

Kullanım

Kurulum sihirbazını kullanmaktan kaçının; **Atla** ya tıklayın.

Ardından, **Başlangıç > Yoast SEO > Genel**'e gidin. Ekranda **Uyarı merk-
ezi** ve **İlk yapılandırma** olmak üzere 2 sekme göreceksiniz.

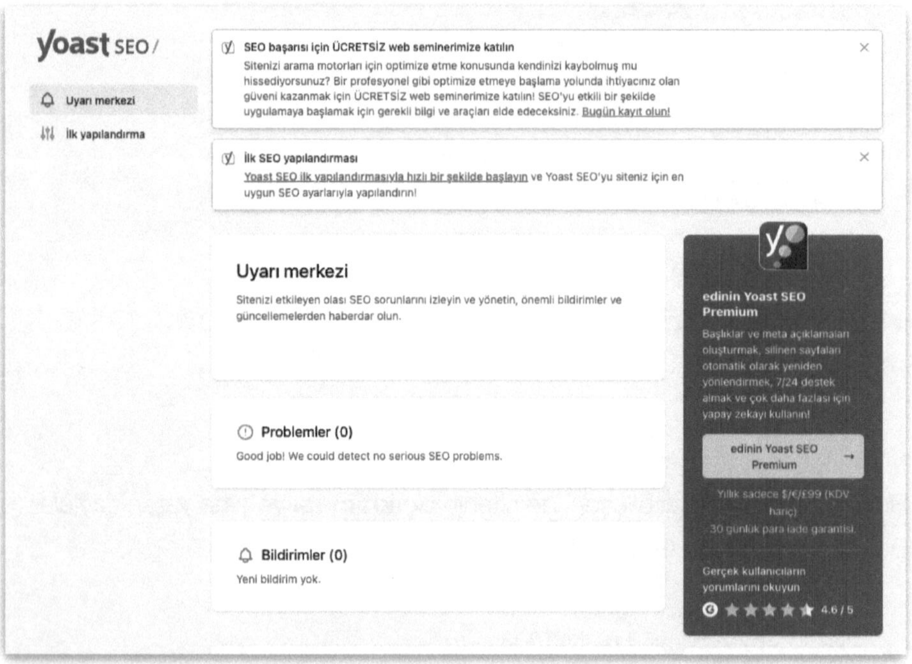

Bu kitapta varsayılan ayarları kullanacağız.

Gelişmiş ayarları kullanmak istiyorsanız **Başlangıç > Yoast SEO > Ayarlar**
bölümüne gidin. Orada farklı özellikler hakkında daha fazla bilgi bul-
acaksınız.

? simgesini (sağ alt) kullanarak çeşitli ayarlar hakkında daha fazla bilgi bulabilirsiniz.

Sayfalar ve Yazılar

Başlangıç > Sayfalar'a gidin ve Ön sayfayı seçin. En altta, **title** gibi bilgileri düzenleyebileceğiniz Yoast SEO'yu bulacaksınız, **description** ve **keywords**.

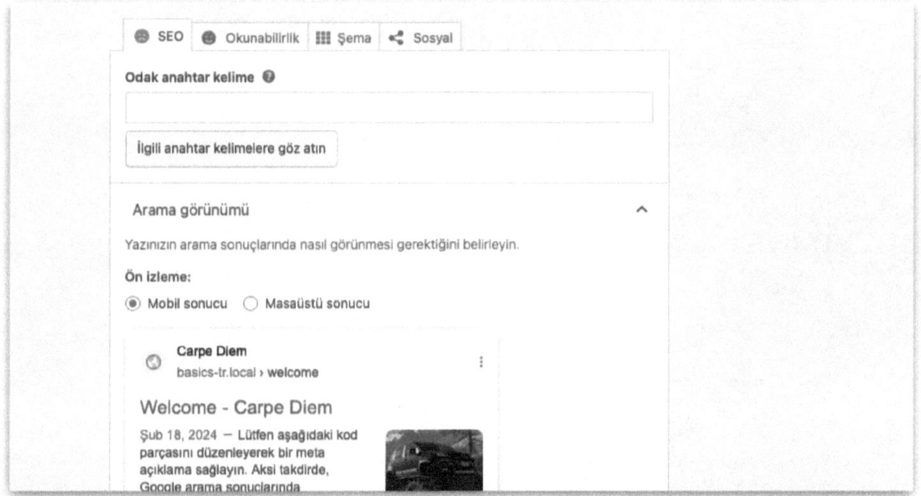

Sonucu görselleştirmek için **Ön izleme** seçeneğini kullanın.

SEO uyumluluğunu yansıtan bir renk çubuğu ile gösterilen **SEO başlığı** ve **Meta açıklaması** nı ayarlayın.

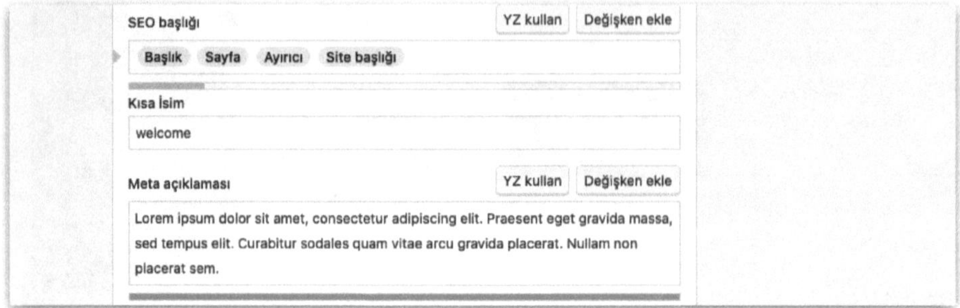

Aranabilirliği artırmak için Odak anahtar kelime bölümüne **Place keywords**. Anahtar kelime optimizasyonuna ilişkin içgörüler için **SEO analysis** ni kullanın.

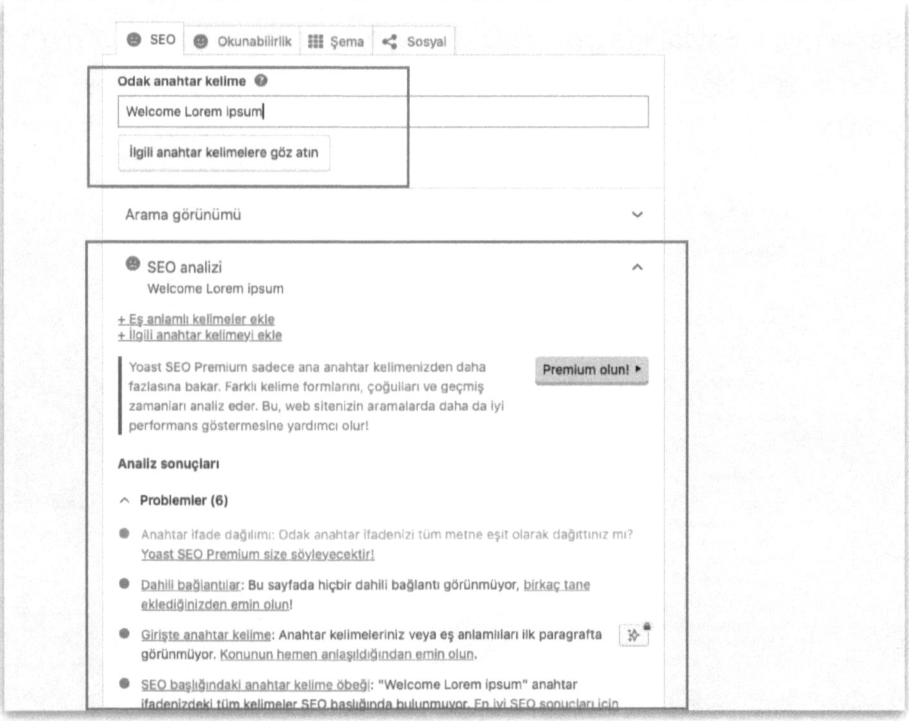

Gelişmiş bölümünde, sayfanın arama motorları tarafından izlenip izlenmeyeceğini belirtin.

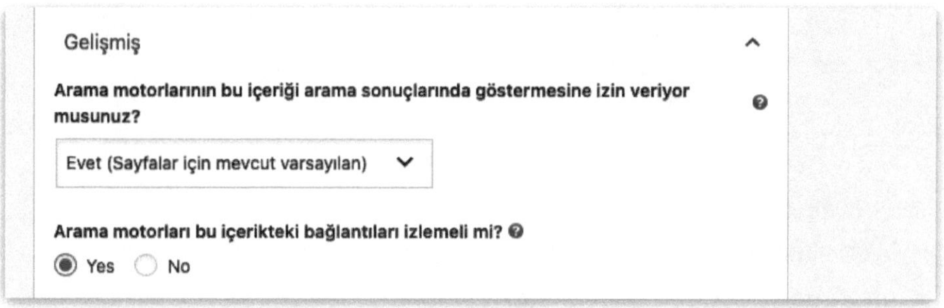

Bir sayfanın ne zaman takip edilmemesi gerektiğini belirtmek iyidir.

Sayfanın okunabilirliğini artırmaya yönelik ipuçları için **Okunabilirlik** sekmesine tıklayın.

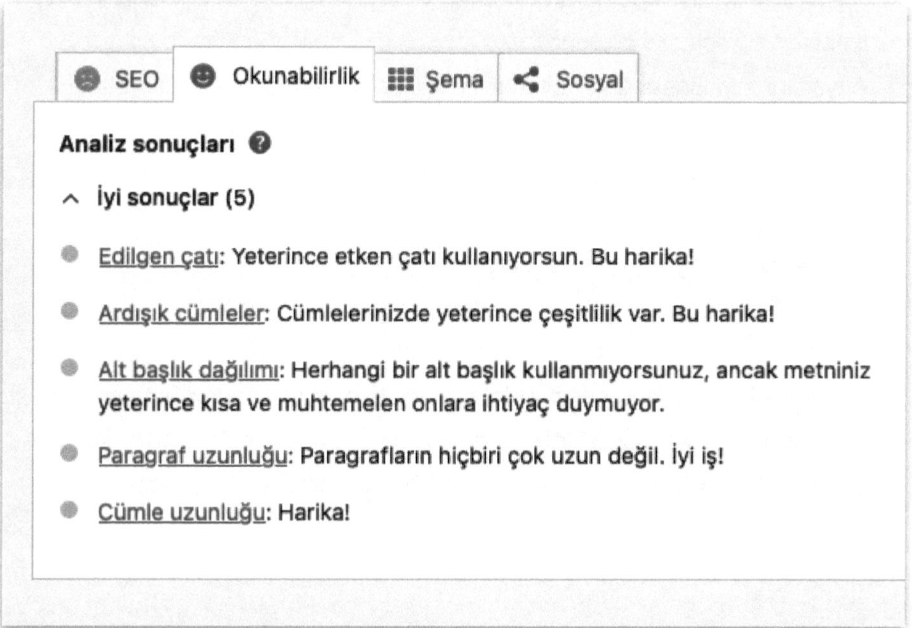

SEO bilgilerini girdikten sonra **Güncelle** düğmesine tıklayın.

Yeşil ışık SEO kurallarına uyulduğunu gösterir; **kırmızı** ise talimatları gözden geçirin.

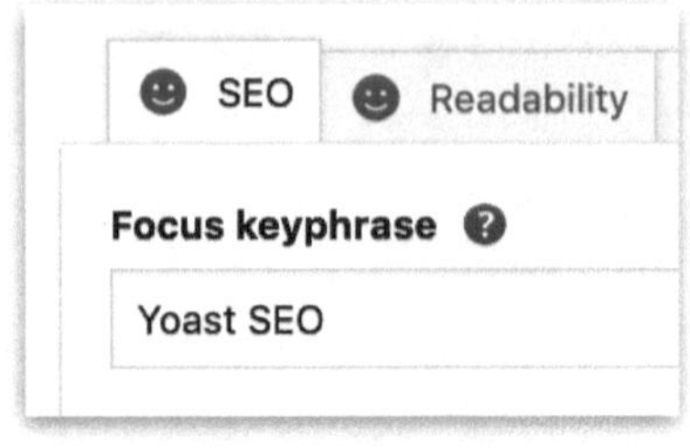

Daha Fazla SEO İpucu

▸ Web sitenizi arama motorlarına gönderin, örneğin *http://www.google.nl/intl/nl/add_url.html*.

▸ Görünürlüğü artırmak için diğer web sitelerinden gelen geri bağlantıları artırın.

▸ Yüksek rütbeli web sitelerinden gelen geri bağlantılar kendi pagerankınızı artırır.

▸ Aşırı kullanımdan kaçınarak başlıklar ve alt başlıklar için ilgili anahtar kelimelerin bir listesini oluşturun.

▸ Altyazılar için Başlık 2'yi kullanarak ilgili anahtar kelimeleri web sitesi metnine dahil edin.

▸ Görsel metin yerine metinsel içerik kullanın.

▸ Daha iyi SEO için görsellere net isimler verin.

▸ Hızlı web sitesi yükleme hızı sağlayın: *http://developers.google.com/speed/pagespeed/insights*.

Yoast SEO eklentisi web sitesi indekslemesini geliştirir ancak üst sıralarda yer almayı garanti etmez. Yalnızca trafik ışığına güvenmeyin; kaliteli içeriğe odaklanın. Daha yüksek görünürlük için Google Ads'i değerlendirin.

WordPress - Temelleri

GİZLİLİK VE ÇEREZLER

Web sitenizde kullanıcı verileri topluyorsanız, **G**eneral **D**ata **P**rotection **R**egulation (GDPR) olarak bilinen Avrupa gizlilik yasası kapsamında bunu yasal olarak açıklamak zorundasınız. GDPR, kullanıcı verilerinin işlenmesine yönelik düzenlemeleri ana hatlarıyla belirtir.

GDPR gerekliliklerine uymak için web sitenize bir Gizlilik Beyanı eklemeniz şarttır. Bu beyan, ziyaretçileri veri toplama uygulamaları hakkında bilgilendirir ve çerez yerleştirmek için onaylarını ister.

WordPress kurulumundan sonra **Gizlilik ilkesi rehberi** başlıklı bir taslak sayfa oluşturulur. Bu sayfa bir şablon görevi görmektedir ve kısmen tamamlanmış olup kullanıma hazırdır.

GDPR standartlarıyla uyumluluğu sağlamak için, gizlilik politikalarında yer alan tipik içeriği anlamak üzere rakiplerin web sitelerini incelemeniz tavsiye edilir. Genel olarak, bir gizlilik politikası aşağıdaki hususları kapsamalıdır:

▸ Veri toplama amacı (örn. haber bültenleri göndermek için).
▸ Toplanan veri türleri (örn. e-posta adresleri).
▸ Verilerin saklayıcısı.
▸ Veri yayınlama durumu.
▸ Verilere erişimi olan taraflar (örn. Google veya Facebook).
▸ Veri saklama süresi.
▸ Veri güvenliği önlemleri (örn. SSL sertifikası).
▸ Talep üzerine veri silme prosedürleri.

Varsayılan Gizlilik ilkesi rehberini kullanmak için:

Başlangıç > Ayarlar > Gizlilik'e gidin.

İlke rehberi sekmesine tıklayın.

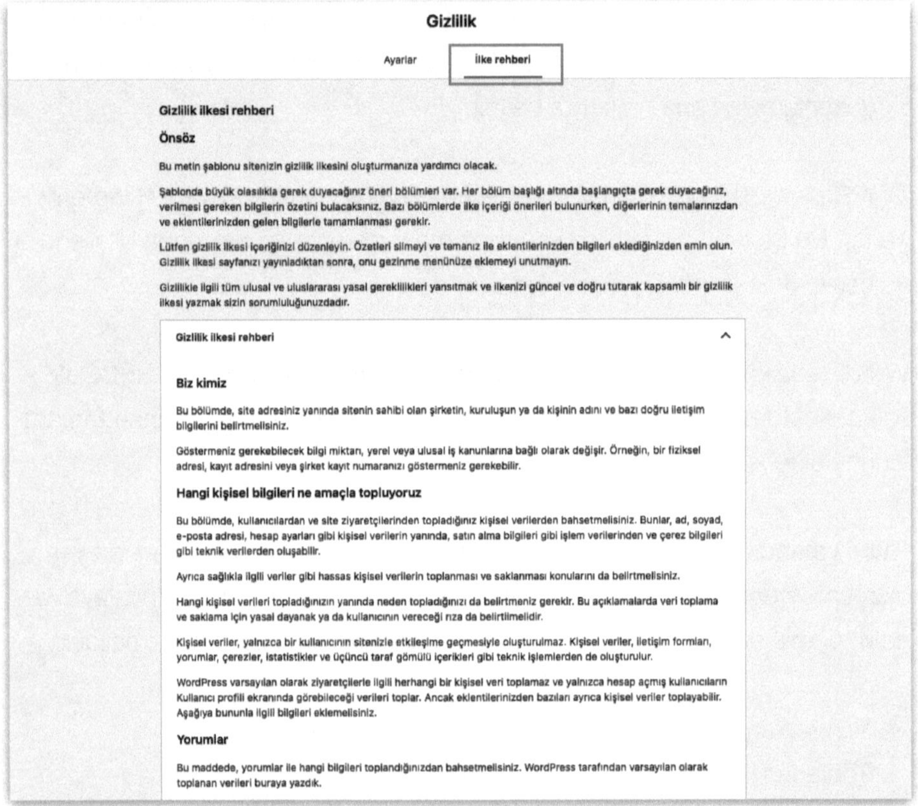

Sağlanan bölümü panoya kopyalayın.

Başlangıç > Sayfalar'a gidin ve **Gizlilik ilkesi rehberi** sayfasını seçin.

Metni kopyalanan içerikle değiştirin ve gerektiğinde ek bilgi ekleyin. Sayfanın yayınlandığından emin olun.

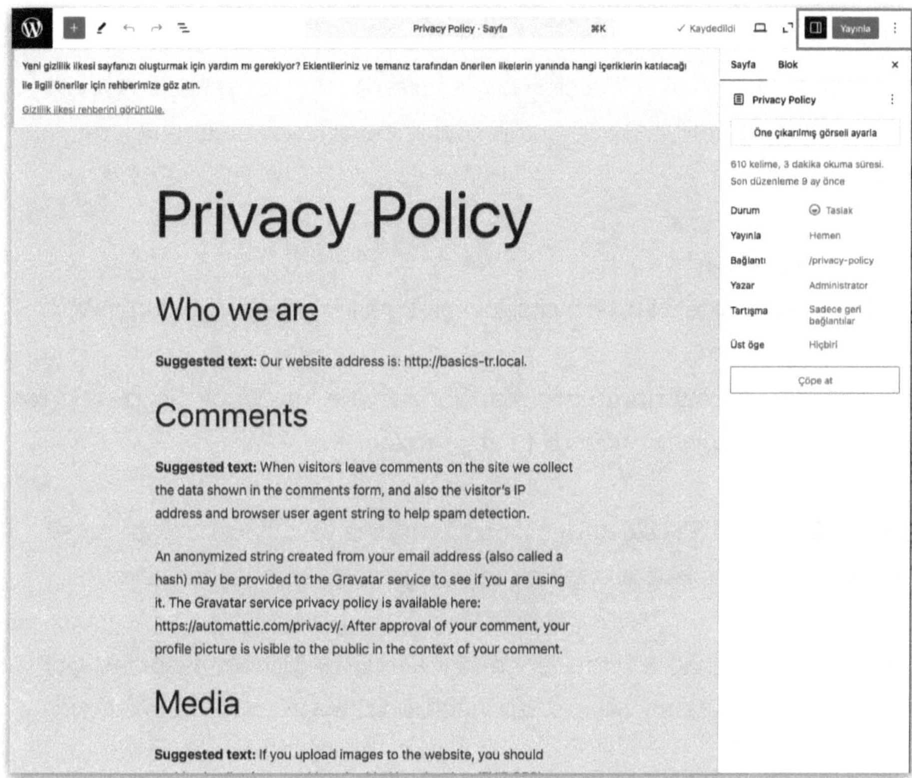

Web sitenizin menüsüne, altbilgisine veya kenar çubuğuna Gizlilik ilkesi rehberi sayfasına bir bağlantı yerleştirin.

GDPR Eklentisi

Bir GDPR eklentisi ile ziyaretçileri bilgilendirebilir ve çerez yerleştirmek için izinlerini isteyebilirsiniz. Ayrıca gizlilik bildirimine bir bağlantı eklemek de mümkündür.

İki tür çerez vardır:

4. **İşlevsel** cookies: Bir web sitesinin çalışması için gerekli, örneğin Word-Press çerezleri.
5. **Analitik** ve **Pazarlama** cookies: Google veya Facebook gibi platformlar tarafından sağlanan üçüncü taraf çerezleri.

İpucu: Birçok GDPR eklentisi, Google Analytics veya Facebook piksel eklentileri gibi izleme eklentileriyle birlikte çalışan *Cookie scanners* içerir.

Web sitenizde kullanılan çerezler hakkında emin değilseniz, aşağıdaki gibi bir çevrimiçi çerez denetleyicisi kullanabilirsiniz: *www.cookiemetrix.com*.

Kurulum

1. **Başlat > Eklentiler > Yeni eklenti ekle**'ye gidin.
2. *Complianz - GDPR/CCPA Cookie Consent* için arama yapın.
3. Eklentiyi **yükleyin** ve **etkinleştirin**.

Kullanım

Başlangıç > Complianz > Sihirbaz seçeneğine gidin.

Web sitesini yapılandırmak için adımları izleyin. **General > Visitors** altında,
Uymak istediğiniz gizlilik yasasını belirtin.

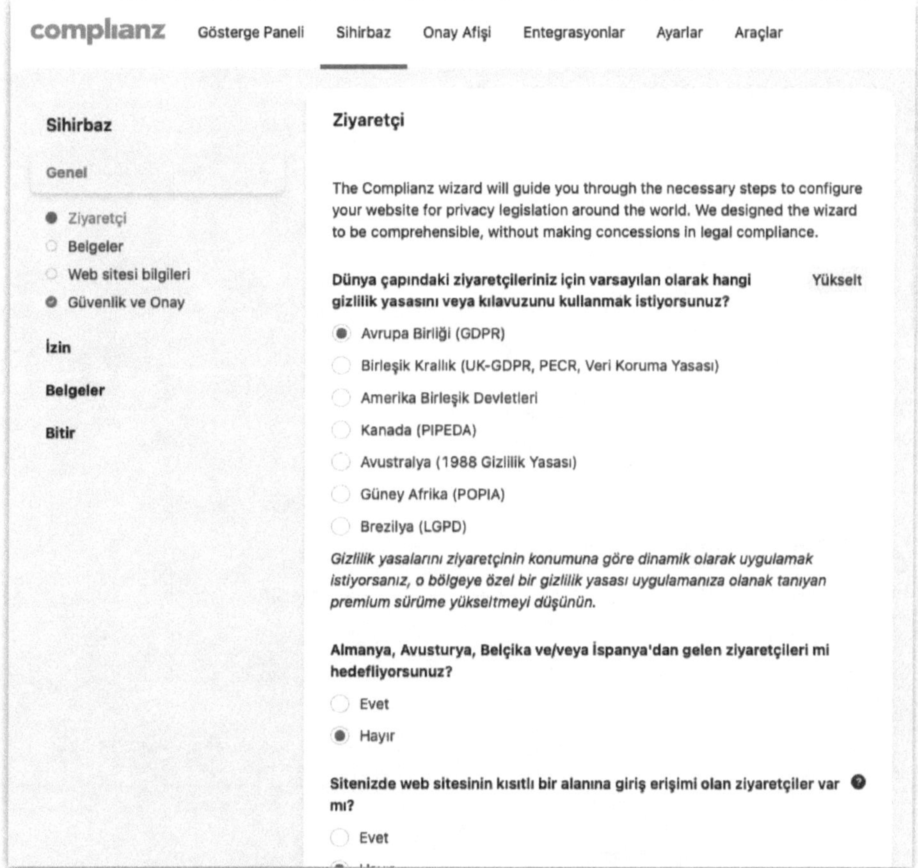

Yapılandırma sırasında size yardımcı olabilecek birkaç şey vardır:

▸ Daha fazla bilgi için soru işaretlerini kullanın.

▸ Önemli bildirimler sağ sütunda görüntülenir.

▸ Yardım için bir bilet gönderebilirsiniz.

General > Documents altında, Çerez Politikası, Gizlilik Bildirimi ve Feragatname için kullanılan sayfaları belirtin.

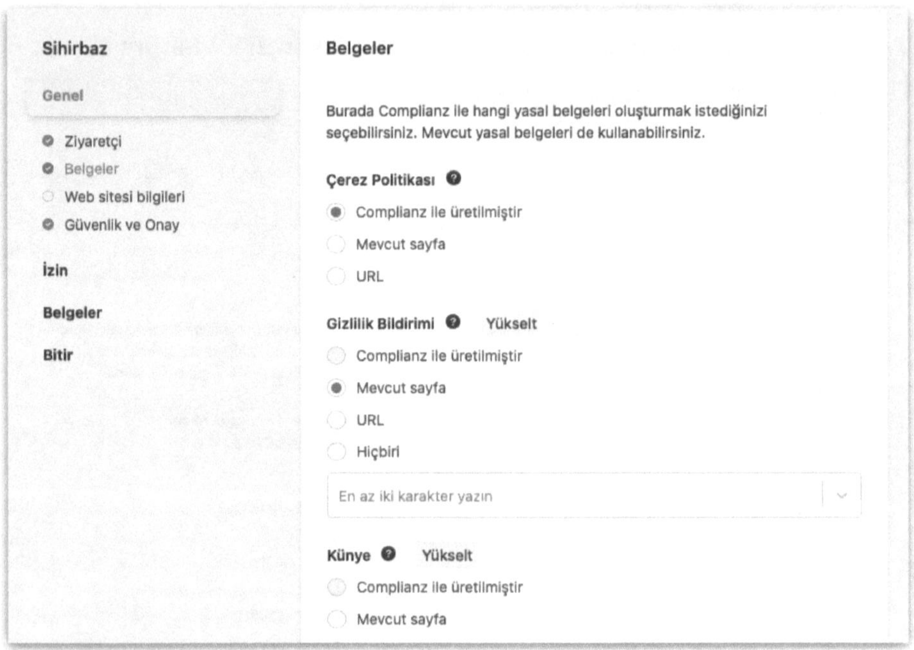

İzin > Site taraması altında, siteyi cookies için tarayın.

Tarama, siteyi güncel tutmak için aylık olarak tekrarlanır.

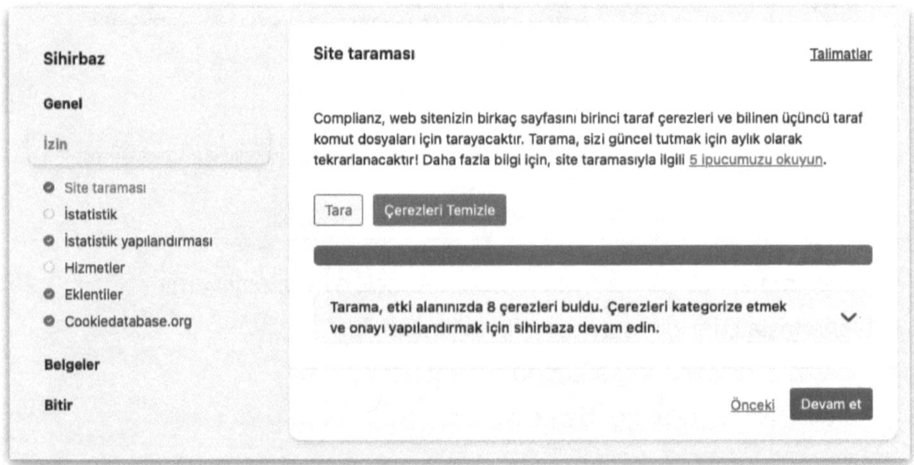

İzin > İstatistik yapılandırması altında, Google Analytics'in kullanılıp kullanılmadığını belirtin ve **Tracking ID** ni girin.

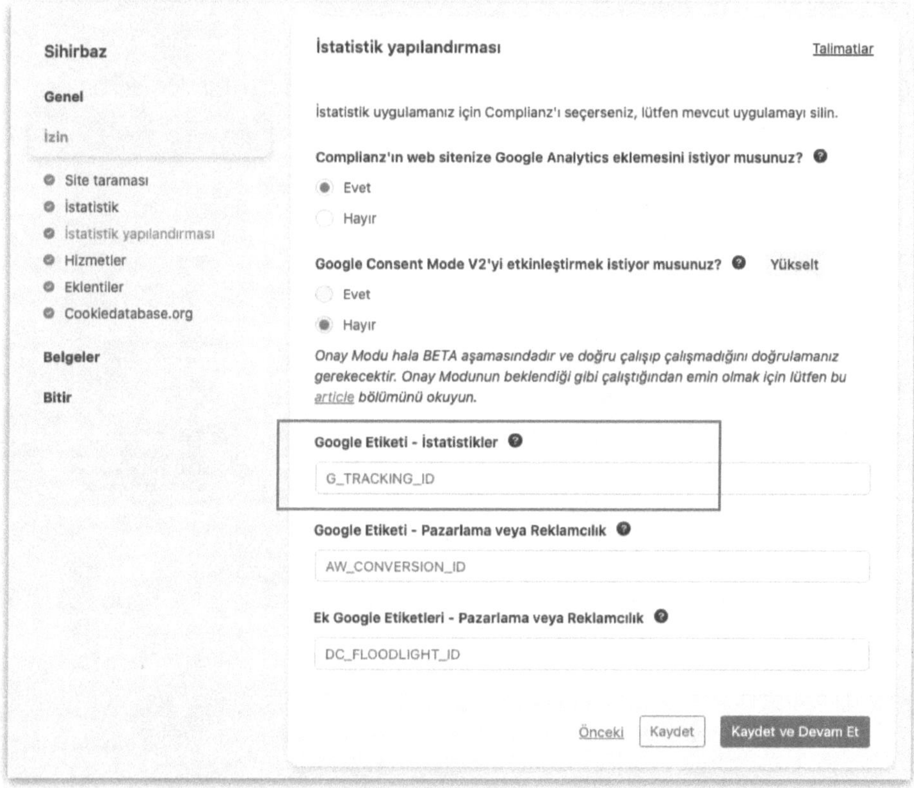

Daha fazla bilgi için ziyaret edin: *complianz.io/docs*.

Kurabiye afiş tasarımı

Başlangıç > Complianz > Onay Afişi'ne gidin.

Bu bölümde afişi tasarlayın.

Genel altında, diğer ayarların yanı sıra banner'ı devre dışı bırakın ve başlığı yönetin.

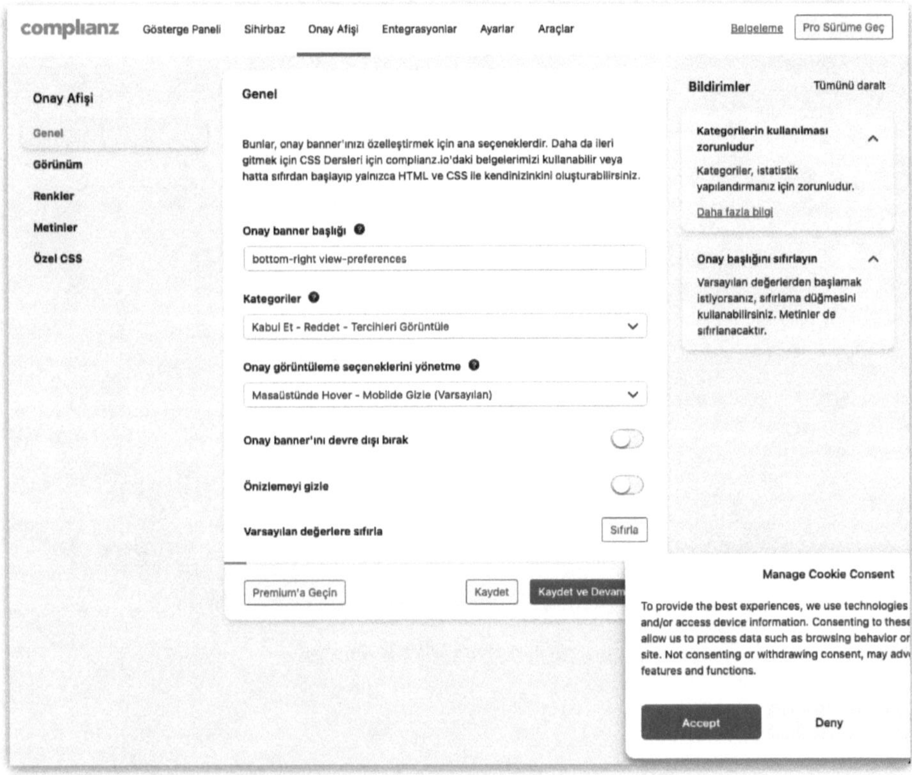

General altında, diğer ayarların yanı sıra banner'ı devre dışı bırakın ve başlığı yönetin.

Görünüm altında, konumu ve diğer görsel ayarları belirleyin.

Renkler altında, rengi ve stili ayarlayın.

Metinler altında, metni ve mesajı özelleştirin.

Özel CSS altında ek özel CSS kodu ekleyebilirsiniz.

SSL - GÜVENLİ SİTE

İnternet tarayıcıları, bir web sitesinde **SSL certificate** yoksa ziyaretçileri uyarır. Adres çubuğunda *Güvenli değil* görüntülenir. WordPress'i yükledikten sonra web sitenizin henüz bir SSL sertifikası yoktur. SSL (Secure Sockets Layer) sunucu ile ziyaretçi arasında şifreli bir bağlantı oluşturur.

Adres çubuğunda http**s**:// ve bir **asma kilit simgesi** ile web sitesinin güvenli olduğunu bilirsiniz. Bir SSL sertifikası satın alarak veya **Let's Encrypt**'ten ücretsiz bir sertifika kullanarak bir SSL sertifikası edinebilirsiniz.

SSL aktivasyonu için hosting sağlayıcınızdan yardım almanız gerekir. Bu örnekte, IONOS web hosting kullanarak süreci göstereceğiz. Farklı bir barındırma sağlayıcısı kullanıyorsanız, farklı bir prosedür izlemeniz gerekebilir.

1. **IONOS**'ta oturum açın ve **Domains & SSL**'e gidin.

2. Korumak istediğiniz alan adının yanındaki kırmızı **asma kilit simgesine** tıklayın.

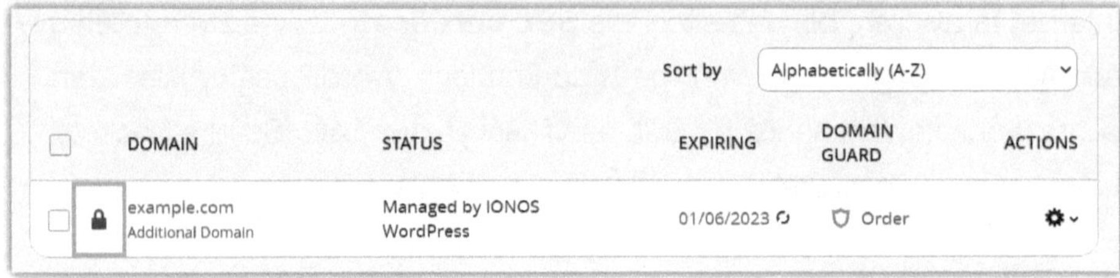

3. **Free SSL Starter Wildcard** gibi bir sertifika seçin ve **Activate Now** düğmesine tıklayın.

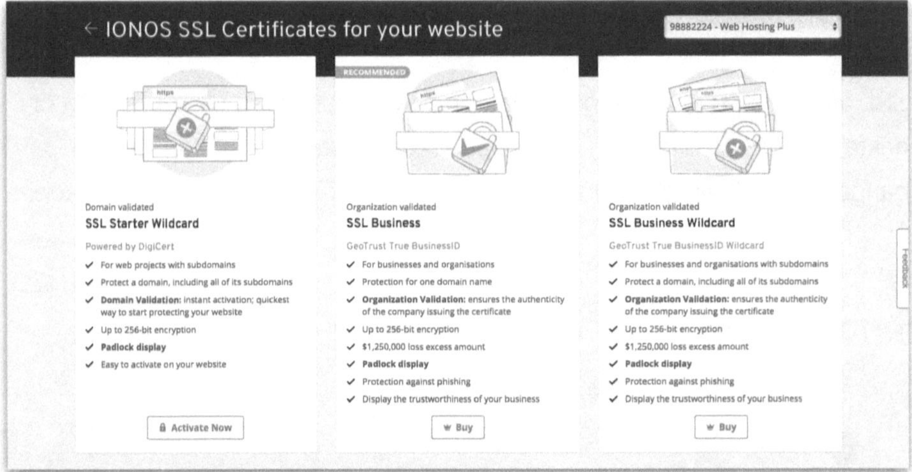

4. SSL sertifikasının verileceği **domain** seçin.

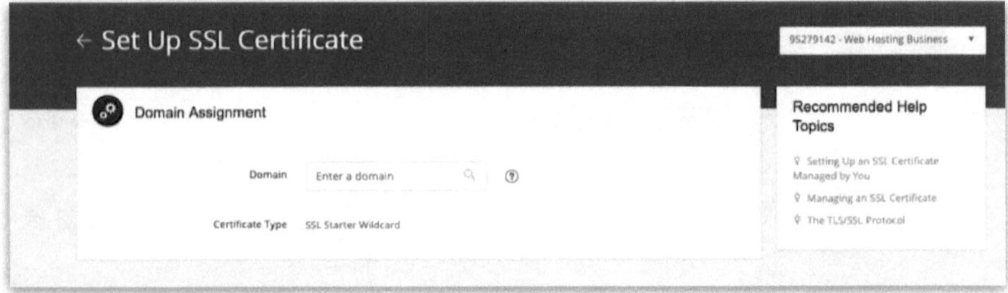

5. **Change Usage** açılır menüsünde **Use with my IONOS website** seçeneğini seçin.

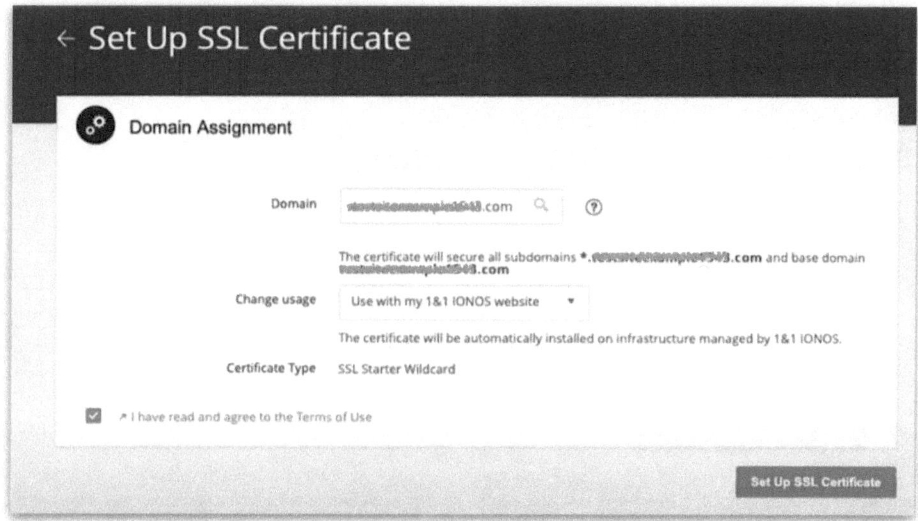

6. Gerekirse şirket bilgilerinizi doğrulayın ve ayarlayın.

7. Onay kutusunu işaretleyerek kullanım koşullarını okuyun ve kabul edin, ardından **Set Up SSL Certificate** seçeneğine tıklayın.

Wordpress'te SSL'yi Etkinleştirme

SSL sertifikasını bir alan adına bağladıktan sonra, WordPress sertifikanın kullanılabilirliğini otomatik olarak algılar.

WordPress'ten SSL'yi etkinleştirmek için:

Başlangıç > Araçlar > Site Sağlığı'na gidin.

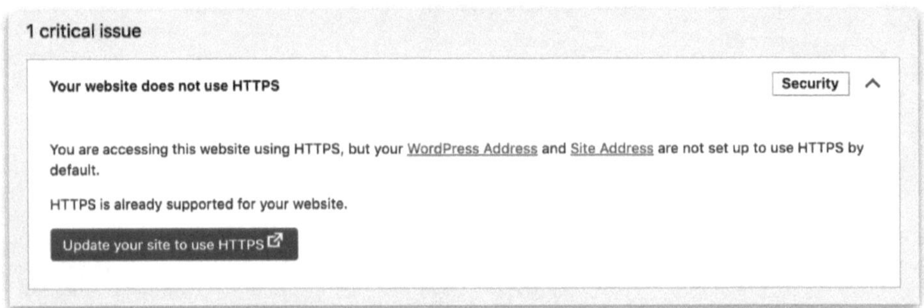

Web sitesi HTTPS kullanmıyorsa, **Sitenizi HTTPS kullanacak şekilde güncelleyin** düğmesine tıklayın.

Web sitenizi ve adres çubuğunuzu gözden geçirin.

Güncelleme işe yaramazsa veya eski bir sürüm kullanıyorsanız, *Really Simple SSL* eklentisini kullanabilirsiniz.

SSL'i bir eklenti ile etkinleştirin

Really Simple SSL eklentisini **yükleyin** ve **etkinleştirin**.

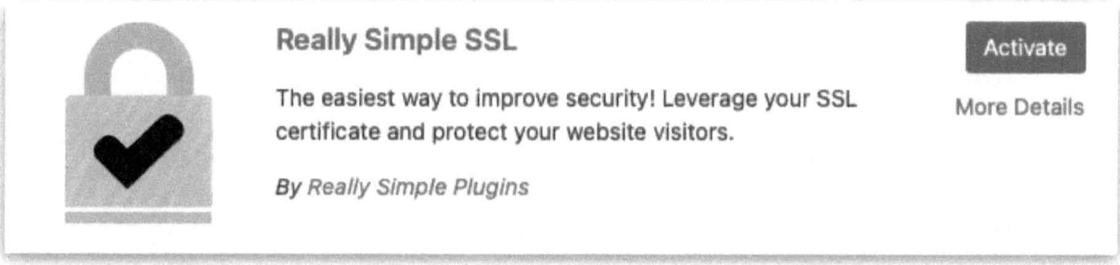

SSL'yi etkinleştirmek için **Başlangıç > Güvenlik'e gidin**.

Ardından **SSL etkinleştir** seçeneğine tıklayın. Web sitenizi inceleyin.

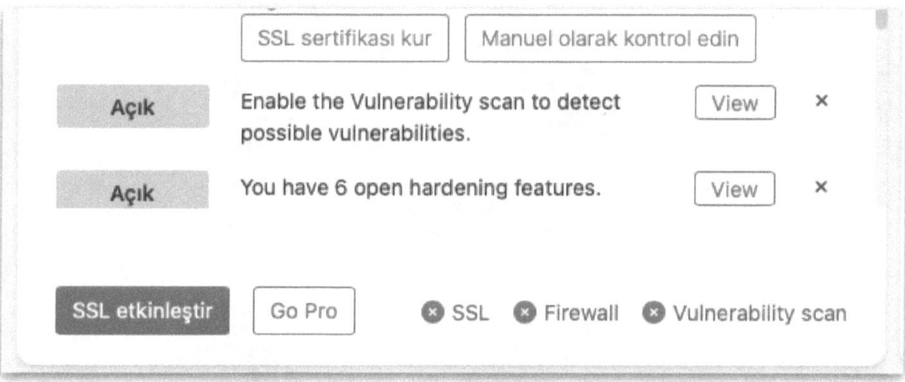

Tarayıcının adres çubuğunda bir asma kilit simgesi görüntülenecektir.

WordPress - temelleri

WORDPRESS ILE IYI EĞLENCE-LER

Bu kitabı tamamladığınız ve bir WordPress sitesi kurma ve yönetme becerilerini kazandığınız için tebrikler! Yerel bir geliştirme ortamı kurmaktan WordPress'i yapılandırmaya, temaları özelleştirmeye, içerik eklemeye ve eklentilerle işlevselliği artırmaya kadar pek çok konuyu ele aldınız.

WordPress'in hem ön hem de arka ucunu keşfederek platformun nasıl çalıştığına dair kapsamlı bir anlayış kazandınız. Ayrıca başarılı bir web sitesi için gerekli olan güvenlik, gizlilik, yedekleme ve arama motoru optimizasyonu gibi önemli hususları da öğrendiniz.

Unutmayın, WordPress sonsuz olanaklara sahip güçlü bir araçtır. WordPress deneyiminizden en iyi şekilde yararlanmak için yeni özellikleri ve teknikleri denemeye, öğrenmeye ve keşfetmeye devam edin.

Bu süreçte yardıma ihtiyaç duyarsanız veya sorularınız olursa, resmi WordPress web sitesi (wordpress.org) ve destek forumları gibi kaynaklar değerli bilgi kaynaklarıdır.

Şimdi, devam edin ve WordPress ile eğlenin! Yaratıcılığınızı konuşturun ve çevrimiçi ortamda etki yaratan harika web siteleri oluşturun.

WordPress Bilgileri:
wordpress.org
wordpress.org/support

YAZAR HAKKINDA

Roy Sahupala, multimedya uzmanı

"Multimedya uzmanı sadece bir unvan. Multimedya ürünleri yaratmanın yanı sıra 26 yılı aşkın bir süredir web tasarımı eğitimi veriyorum ve insanların kısa sürede daha önce mümkün olduğunu düşündüklerinden çok daha fazlasını yapabildiklerinde heyecanlanmalarını sevmeye devam ediyorum."

Roy, endüstriyel tasarım eğitimi aldıktan sonra multimedya uzmanı olarak yetişti. Daha sonra çeşitli multimedya ajanslarında deneyim kazandı. 2000 yılında, çeşitli müşteriler ve reklam ajansları için multimedya ürünleri yaratma konusunda uzmanlaşmış olan kendi şirketi WJAC'ı (With Jazz and Conversations) kurdu.

2001 yılından beri işinin yanı sıra eğitmenlik de yapan Roy, eğitim kurumlarıyla işbirliği içinde çeşitli web tasarım eğitimleri düzenledi.

Roy Sahupala tarafından yazılmış WordPress kitapları:

WordPress kitaplarını *wp-books.com* adresinde keşfedin.